SOPHIE

L'auteur

Rosie Rushton vit au Royaume-Uni, à Northampton. Elle a écrit de nombreux ouvrages pour la jeunesse traitant de son sujet de prédilection : la famille et les relations entre adultes et adolescents. Elle anime de nombreux ateliers d'écriture à travers toute l'Angleterre, trouvant ainsi matière à nourrir les chroniques qu'elle publie dans divers magazines.

ROSIE RUSHTON

Sophie

Elle est belle, drôle,
intelligente
et pourtant...
RIEN NE VA
PLUS!

Traduit de l'anglais par Shaïne Cassim

5e édition

POCKET
jeunesse

Titre original :
Sophie

Pour Niki, Sally et Caroline
qui m'ont si bien élévée
et pour Kate qui m'a tirée d'affaire
quand j'étais en panne.

Loi n° 49 956 du 16 juillet 1949 sur les publications destinées à la jeunesse : janvier 2001.

ISBN : 2-266-10292-3

1

UN ANTIDOTE CONTRE MA MÈRE

Sophie Cross contempla la table de la cuisine et se sentit désespérée.

« Je suis sûrement la seule fille de ma classe à prendre le petit déjeuner avec un affreux lutin en poterie, trois licornes en verre fumé ignobles posés sur la table et une mère qui jacasse comme une pie. Si encore elle racontait des choses intéressantes, ce serait supportable ! » songea-t-elle, écœurée.

Vanessa Cross était pourtant comme d'habitude. Elle s'agitait dans tous les sens, commençait des phrases sans les finir, si bien que Sophie ne comprenait pas un traître mot du programme de télévision qu'elle regardait en mangeant ses céréales.

— Je suis épuisée d'avance ! Une journée abominable m'attend ! gémit Vanessa Cross en secouant la tête, ce qui fit tinter ses boucles d'oreilles en forme de perroquet. J'ai un rendez-vous à neuf heures et demie à la boutique et je dois refaire la vitrine avant...

— Maman ! J'essaie d'écouter cette émission ! explosa Sophie.

Elle s'approcha de l'écran de télévision où Zoé, *la* maquilleuse des stars, révélait le secret du maquillage ultra-cool en sept minutes top chrono avec un trait d'eye-liner et quelques coups de crayon à lèvres.

Avoir un look décontracté mais raffiné était le souhait le plus cher de Sophie. Hélas, elle était persuadée que c'était sans espoir. Ses cheveux coupés court étaient fins et ternes. Sophie essayait régulièrement différentes teintures pour en finir avec leur couleur si banale. Et ses grands yeux chocolat n'étaient même pas ombrés par de longs cils épais ! Bien sûr, sa peau avait la pâleur de l'ivoire, genre Kate Winslet dans *Titanic*. Malheureusement, dès qu'elle était nerveuse ou gênée, elle rougissait. Elle devenait alors pivoine du front jusqu'aux épaules. Comment avoir l'air relax lorsqu'on est rouge cerise ? Elle tendit l'oreille, pleine d'espoir. Zoé avait peut-être une solution.

— Chérie ! J'ai une idée géniale ! s'écria sa mère d'une voix stridente. Si je rajoutais des bibelots nuance prune et grenade à ma vitrine ? Tu comprends, il faut qu'elle soit exceptionnelle ! Halloween approche !

Sophie soupira et appuya sur le bouton de la télécommande pour changer de chaîne. Un antidote contre les mères trop bavardes lui sembla soudain plus urgent que la recette du maquillage top cool.

— Comme tu veux, répondit-elle d'un ton distrait. Pourquoi est-ce si important ?

Sa mère la regarda, très choquée.

— Pour une boutique, la vitrine est essentielle. C'est ce qui pousse le client à entrer et à acheter. Et à la fin de la journée, vois-tu, on gagne ce que l'on appelle de l'argent. Voilà pourquoi c'est important ! L'argent !

« *Sans argent, les heures sont interminables*, reprit comme en écho le présentateur de télévision. *Après la pause publicitaire, nous irons dans le quartier de Camden, là où de jeunes sans-abri vont affronter une nouvelle journée dans la misère la plus totale.* »

— Cet après-midi, enchaîna Vanessa, je reçois un homme qui crée d'adorables corbeilles à papier en forme de teckels et...

— Maman, supplia Sophie, est-ce que tu peux te taire deux minutes ? Il faut que j'écoute ce reportage. J'ai un dossier à rendre sur la pauvreté et...

— Tu ne trouves pas que ces petites licornes en verre fumé sont ravissantes ? s'attendrit sa mère. Elles sont bon marché et je suis sûre qu'elles vont faire un tabac. Seulement cent soixante-dix livres !

Sophie en lâcha sa cuillerée de banane séchée et de noisettes pilées.

— Quoi ? s'exclama-t-elle en oubliant complètement le reportage télé. Tu vends ces mochetés cent soixante-dix livres ! Mais c'est une véritable arnaque !

— Pas du tout ! protesta sa mère. Mes clients vont adorer ! C'est très tendance cet automne, précisa-t-elle en épongeant la nappe avec une serviette en papier.

Sophie ouvrit la bouche puis décida de garder le silence. Elle venait brusquement de se souvenir que les magazines à la mode raffolaient de sa mère.

« *Vanessa Cross est un génie en matière de décoration et Le Grenier de rêve, sa boutique, un enchantement et un pur délice* », déclaraient-ils.

Délices ou pas, Sophie préférait que les merveilles qui se trouvaient dans la boutique à l'étage au-dessous y restent.

Elle passa une main nerveuse dans ses

cheveux, teints le matin même en Bronze brûlé. La couleur avait assez vite tourné au Vélo rouillé. Pourquoi n'avait-elle pas hérité des merveilleuses pommettes de sa mère, de ses cheveux à la couleur idéale qui se coiffaient exactement comme elle le voulait ? Elle scruta d'un air critique une de ses mèches du coin de l'œil : c'était pire que prévu. Elle ne put se retenir :

— Je trouve ça complètement crétin de dépenser tant d'argent pour une stupide licorne, jeta-t-elle d'un ton sec.

— Chérie, je pense qu'il faut vraiment faire quelque chose pour tes cheveux, glissa Vanessa avec un rien de perfidie dans la voix.

— Pourquoi ? Qu'est-ce qu'ils ont ? glapit Sophie, piquée au vif.

— C'est un tout petit peu trop rouge, comme teinte.

— N'importe quoi ! C'est à la mode cet automne.

— Tu étais adorable en blonde. Pourquoi as-tu changé ?

— Maman, j'ai quatorze ans et je ne veux plus être *adorable*. Je voudrais... je voudrais avoir l'air cool mais sophistiquée.

Elle se concentra ensuite sur l'émission qui reprenait après la pause publicité. Soudain, sa mère poussa une exclamation qui fit une nouvelle fois sursauter Sophie.

— Chérie ! J'ai complètement oublié de te le dire. Il y a une lettre pour toi ! s'écria-t-elle. Ouvre-la vite !

— Laisse-moi tranquille ! Je dois préparer un dossier sur la pauvreté pour l'école et il faut que je regarde ce reportage.

— Sur la pauvreté ? répéta sa mère, ahurie. Tes professeurs devraient plutôt t'apprendre à ne jamais en souffrir.

Sophie ferma les yeux et compta jusqu'à dix pour se calmer.

« Comment peut-on avoir quarante-trois ans et être aussi naïve ? » pensa-t-elle, déprimée.

— Tu sais, Maman, au lieu d'acheter des bibelots, tes clients feraient mieux de donner de l'argent à cette Lisa que tu vois sur l'écran, par exemple. Elle a mon âge et figure-toi qu'elle vit dans la rue.

— Mais enfin, Sophie ! Tu ne peux pas choisir un autre sujet ? Quelque chose de plus amusant ? Le design intérieur ou la cuisine provençale ?

— Je suis désolée qu'il y ait moins rigolo dans la vie que la vente des licornes en verre fumé, marmonna Sophie.

— Pas quand il s'agit de payer Bishops, ton

école privée ! Je te signale que ça me coûte une petite fortune, rétorqua froidement sa mère.

— Tu n'étais pas obligée de m'y inscrire. Papa dit que Bishops est pour les privilégiés. Il pense que dans la vie on peut avoir d'autres priorités.

— Nous y voilà ! s'exclama Vanessa. À chaque fois c'est pareil ! Dès que ton irresponsable de père annonce sa visite, tu deviens odieuse !

Les parents de Sophie avaient divorcé lorsqu'elle avait six ans. Elle ne se rappelait pas leur vie tous ensemble. Elle se souvenait juste qu'ils avaient vendu la belle maison de Wimbledon et que son père – Clive – avait quitté son travail pour s'engager dans une association humanitaire. Il s'était ensuite envolé pour l'Afrique. Il ne venait à Londres qu'une fois par an mais expédiait de longues lettres à Sophie. Il lui envoyait des photos des villages où il avait mission de forer des puits ou de construire des routes. Il lui racontait en détail la vie quotidienne et les difficultés des villageois. Dans sa dernière lettre, il avait écrit : « *Tu n'imaginerais jamais le contraste entre ces dames du quartier de Fulham où tu vis et le village où je me trouve. Je me demande souvent comment elles s'en sortiraient sans électricité ! Quelle tête elles feraient en apprenant que le premier point d'eau potable se trouve à six kilomètres à pied ! »*

Sophie revint à la réalité et s'aperçut que sa mère était en colère.

— Quand est-ce que Papa arrive ? demanda-t-elle d'une voix radoucie.

Vanessa haussa les épaules.

— Comment le saurais-je ?

— À quelle heure on va le chercher ? insista Sophie.

— Le chercher ? répéta Vanessa comme si sa fille lui avait proposé d'aller réceptionner une demi-douzaine de Martiens. Mais on n'y va pas ! Les vols de compagnies africaines atterrissent toujours au beau milieu de la nuit !

— Ça fait treize mois que je n'ai pas vu Papa !

— Tu le verras bien assez tôt, rétorqua Vanessa. Si j'ai bien compris, il va louer un appartement à Camden pour la durée de son séjour à Londres. Un logement abominable, à tous les coups.

— Comment tu sais qu'il sera moche ?

— Je ne l'ai pas visité, admit Vanessa. Mais je connais ton père. Il choisit toujours le moins cher parce qu'il se fiche complètement de l'endroit où il vit. Clive n'a jamais eu aucun goût.

Sophie pensait que c'était la raison de leur divorce. Sa mère était une snob invivable. Son père avait craqué parce qu'il était humaniste avant tout. Elle sentit son cœur s'emballer. Pour elle, un homme qui avait démissionné d'un poste en or et s'était séparé d'une BMW gris métallisé pour aller habiter dans un village africain sans électricité était quasiment un saint.

— Tu te rends compte qu'une de ces licornes débiles suffirait sans doute à nourrir un village africain entier pendant un mois ?

Vanessa inspira profondément puis sourit :

— Probablement, acquiesça-t-elle. Une licorne correspond à trois mois d'argent de poche. Je garde cette somme et je te propose de l'offrir à ton père pour son association.

Sophie faillit s'étrangler et réfléchit à toute vitesse. Ce n'était pas le but de la manœuvre.

— Maman, ce n'est pas tout à fait ce que je voulais dire.

— J'en suis persuadée.

— ... Il est indispensable que je m'achète des vêtements tandis qu'on peut très bien vivre sans licornes. Papa m'a écrit que tes clients... poursuivit Sophie avant de s'arrêter net.

Les joues de Vanessa étaient devenues aussi écarlates que des tomates écrasées.

— Je me fiche de ce que ton père pense, répliqua-t-elle en se retenant de crier. J'ai eu mon compte de ce qu'il pensait quand je vivais avec lui. Maintenant qu'il est à des milliers de kilomètres, sois gentille de m'épargner ses remarques.

— J'en ai assez ! explosa Sophie.

— Excuse-moi, soupira Vanessa. Ces huit dernières années, je t'ai élevée seule, je t'ai envoyée dans les meilleures écoles, offert des cours de danse, et je ne me souviens pas que ton père ait participé aux frais.

Sophie savait que sa mère avait raison. Elle comprit qu'il valait mieux qu'elle l'embrasse et parte aussitôt pour le collège. Pourtant, elle resta.

— L'école privée ! La danse ! Tu as fait tout ça pour toi ! s'énerva Sophie. Histoire de rencontrer de nouveaux clients. Tu ne penses qu'à ta sale boutique !

— Cette sale boutique, comme tu dis, nous permet d'avoir un toit sur la tête et une vie décente, rétorqua sa mère.

Les yeux de Vanessa brillèrent de larmes ravalées et Sophie se sentit soudain mal à l'aise. Mais sa mère se reprit aussitôt. Elle arrangea le col de son chemisier et son sourire habituel s'accrocha immédiatement à ses lèvres.

— Allons, ma chérie, secoue-toi. Souris ! La

vie est belle ! Et si tu ouvrais enfin la lettre que tu as reçue ? suggéra Vanessa.

— Je n'ai pas le temps. Je suis en retard. Je la lirai dans le métro, répondit sa fille en lui arrachant l'enveloppe au passage.

2

SOPHIE CROSS, CAS SOCIAL

Sophie se précipita vers la station de métro. Elle était en retard... mais pas tant que ça. Elle avait fui pour couper court à l'incroyable curiosité de sa mère. Elle n'avait pas envie d'ouvrir la lettre devant elle. Sophie ralentit le pas. Pourtant, en croisant son reflet dans une vitrine, elle faillit prendre ses jambes à son cou. Peut-être que, dans le métro, on remarquerait moins à quel point elle était mal habillée. Quel était donc l'imbécile qui avait décidé que l'uniforme de Bishops serait or et pourpre ? « Cette association de couleurs est lamentable », rumina Sophie.

En patientant sur le quai, elle sourit toute seule. Elle savait pertinemment ce que contenait l'enveloppe qu'avait agitée Vanessa sous son nez... mais elle n'avait aucune intention d'aller à la fête d'Annabel Winterton. Sophie extirpa l'enveloppe de son cartable et lut l'invitation.

Sois dingue ! Sois extrême ! Sois cool !
Sois en rose !
Sois... à l'anniversaire d'Annabel Winterton !
Le 25 octobre, viens fêter
mes quinze ans de vingt heures à l'aube !
C'est à Lodge Avenue – Pimlico.
Je t'y attends pour la fête
la plus branchée de l'année !

— Impossible ! Ma fierté me l'interdit, marmonna Sophie, qui aurait fait n'importe quoi pour une soirée.

Elle soupira et revit en pensée sa dernière humiliation.

Cette sournoise d'Annabel distribuait ses invitations dans la cour du collège. Sophie était assise sur un banc avec Amy, sa meilleure amie. Toutes deux la regardaient se pavaner. Soudain, Annabel s'était approchée d'elles et avait tendu une enveloppe à Amy.

— Voici ton invitation, avait-elle déclaré, tout sourire. Ce sera une fête en rose. Trouve un vêtement ou un accessoire de cette couleur. Le buffet sera rose et, devine quoi ? Mon père préparera des cocktails de fruits roses ! Ce sera hyper-méga-sensationnel !

Malgré elle, Sophie avait attendu qu'Annabel daigne remarquer sa présence.

— Oh, salut ! s'était exclamée celle-ci d'un ton faussement gêné. Je ne t'avais pas vue. Je suis désolée mais, tu sais, ma fête ne réunit que quelques amis très proches. Bonne journée, Sophie.

Alors qu'elles se rendaient en cours de dessin, Amy n'avait pu s'empêcher de s'indigner.

— Cette fille est d'une méchanceté !

Sophie, elle, se mordait les lèvres, les joues rouge brique d'humiliation.

— Pas de panique, l'avait consolée Amy. Je vais la persuader de t'inviter. Elle me doit une faveur. Elle m'a emprunté ma robe cerise la semaine dernière.

— Tu ne fais rien du tout ! avait protesté Sophie. Je ne vais pas à une fête où je ne suis pas la bienvenue. De toute façon, je n'ai jamais pu la voir en peinture. Encore moins depuis qu'elle s'est jetée sur Tim Bellinger.

— Moi, je n'ai rien compris à cette histoire. Tu sortais avec Tim – le garçon le plus génial de Londres ! Tu étais folle de lui, tu répétais qu'il était extraordinaire, puis soudain, exit

Tim ! Et ce n'est pas la première fois que tu réagis de cette façon. Qu'est-ce qui se passe, Sophie ?

— J'aimerais bien le savoir, Amy, murmura la pauvre Sophie, plantée sur le quai.

Elle se secoua puis rangea l'invitation dans son cartable.

En réalité, elle n'ignorait pas comment les choses avaient dégénéré avec Tim. Elle l'adorait mais elle avait refusé de l'embrasser au moins trois fois. Il avait cessé de lui téléphoner. Puis il avait invité Annabel au Café rouge. Le lendemain, sa meilleure ennemie portait un bracelet tressé qu'il lui avait offert... Sophie aurait voulu l'étrangler avec.

« Pourquoi est-ce toujours comme ça avec moi ? » se désespéra Sophie.

Des tas de garçons l'invitaient à sortir. Elle acceptait avec d'immenses espoirs. Mais une fois qu'ils lui avaient pris la main ou tenté de l'embrasser, elle ne ressentait plus rien pour eux. Elle n'était pas faite pour la passion. Même à Amy, elle n'osait pas dire à quel point elle trouvait l'amour effrayant. Elle se sentait différente des autres filles. Elle attendait avec impatience que quelque chose change sa vie mais elle ne savait pas quoi.

Sophie souleva son cartable pour s'engouffrer dans le métro qui arrivait sur le quai et se sentit au bord des larmes. Amy avait parlé à Annabel, malgré son interdiction, et celle-ci, par charité, lui avait envoyé une invitation. Désormais, Annabel allait crier sur tous les toits que Sophie Cross était si seule qu'elle était prête à tout pour une fête. Cette calomnie allait arriver jusqu'aux oreilles de Tim qui la répandrait en dix secondes, top chrono. Sophie serait aussitôt considérée comme un cas social.

Soudain, elle se ressaisit. Elle allait dire sa façon de penser à Amy. Jamais elle n'irait à cette stupide fête tout en rose, et elle ferait savoir à qui voudrait bien l'entendre qu'il était hors de question qu'elle se déguise en guimauve pour aller manger du crabe chez Annabel. Elle avait une soirée du tonnerre prévue le 25 octobre. Qu'ils sachent tous que sa vie était merveilleuse !

Elle allait devoir se montrer drôlement convaincante !

3

FANNY PRICE, MA SŒUR DE PAPIER

Comprimée comme une sardine dans le wagon bondé, Sophie se demanda quand son calvaire allait cesser. À Leicester Square, de nombreux voyageurs quittèrent la rame. Elle allait pouvoir travailler ! Elle se jeta sur le premier strapontin libre.

Sophie extirpa l'exemplaire tout abîmé de *Mansfield Park*[1] de son cartable. En théorie, elle aurait dû passer son dimanche soir à étudier le personnage féminin du roman : Fanny Price. Mais, inexplicablement, elle s'était laissé distraire. Elle avait d'abord regardé la télévision pour se détendre un peu. Puis elle s'était dit

1. *Mansfield Park* est une œuvre de Jane Austen (1775-1817), romancière anglaise célèbre pour ses livres très romantiques.

qu'elle pouvait, tout en lisant, essayer son nouveau vernis Bleu Iceberg. Au milieu du chapitre, elle avait changé d'avis pour Saphir éclatant qui correspondait bien mieux à son humeur... jusqu'au moment où elle avait renversé les deux flacons sur son livre. Elle en avait été tellement contrariée qu'elle avait refermé et rangé *Mansfield Park*. Voilà pourquoi elle examinait, à une allure supersonique, le cas de Fanny Price dans le métro.

« Les sentiments qu'éprouve Fanny Price sont intenses mais ils restent très intérieurs », constata Sophie.

Fanny les gardait pour elle. Personne ne la négligeait, pourtant. Oui, mais nul ne s'intéressait vraiment à elle non plus. Sophie s'aperçut que la pauvre Fanny était seule au monde. Sophie écrivit aussitôt sur une feuille blanche calée sur ses genoux : *« Fanny Price était totalement incomprise de son entourage. »*

Elle soupira. Elle aurait du mal à convaincre Mlle Cramp qu'elle avait mis le week-end à pondre cette brillante idée. Elle se sentait si proche de Fanny... aussi mal à l'aise qu'elle dans ses rapports familiaux. Sauf que Sophie et Vanessa s'adoraient malgré tout. Mais, parfois, elle se demandait si elle comptait plus qu'un nouveau bibelot ou une rentrée d'argent importante. Ses amis trouvaient génial que la grande décoratrice en vogue déniche une magnifique jarre exotique qu'elle offrait à sa fille pour sa chambre. Sophie, elle, aurait préféré que sa mère soit vendeuse ou coiffeuse. Elle était persuadée qu'ainsi elles se seraient parlé davantage de ce que ressentait Sophie. Mme Cross expliquait à sa fille qu'il suffisait de sourire pour cesser d'être triste ou que c'était parce qu'il ne faisait pas beau qu'elle se sentait déprimée. Quand elle ne lui conseillait pas de dormir plus pour ne pas avoir le cafard. Pour couronner le tout, contrairement aux autres parents, Mme Cross sautait de joie quand Sophie amenait un garçon à la maison. Elle lui offrait des assiettées de gâteaux, des litres de thé, le criblait de questions en tout genre et donnait son avis à Sophie dès qu'il avait franchi la porte :

— Il est adorable, chérie ! Quand est-ce que vous vous revoyez ? Et que penses-tu de lui ? Est-ce qu'il te plaît ?

Sophie lui conseillait alors de se mêler de ses affaires et sa mère en venait au fait.

— N'est-ce pas le fils du P-DG de ces célèbres rouleaux de scotch ? Comment ça, tu ne sais pas ? Pose-lui la question. Je suis certaine que sa mère a besoin de redécorer sa maison !

« Ma mère s'intéresse plus aux gens qui sont

autour de moi qu'à moi », songeait Sophie dépitée.

Jamais son père ne demanderait quelle était la position sociale du père du garçon qu'elle fréquentait. Vivement qu'il arrive à Londres ! Qu'elle puisse enfin parler de choses importantes !

Sophie vérifia qu'elle n'avait pas loupé sa station. Elle pensa à ses camarades de classe et se sentit encore plus mal. Tous ces enfants fortunés passaient leur lundi matin à se raconter les activités géniales – et coûteuses – auxquelles ils avaient consacré leur week-end. Elle les entendait déjà. Sophie, quant à elle, imitait les clients de sa mère et ils éclataient de rire. Ils étaient tous nuls, elle comprise.

Elle se replongea dans le premier rendez-vous de Fanny Price avec Edmund. Voilà ce qu'il lui fallait ! Un Edmund ! Un garçon sensible et qui serait... Soudain, une jambe revêtue d'un jean et d'une Doc Martens heurta violemment son genou. Le choc envoya valser son livre et ses feuilles.

— Hé ! protesta Sophie en ramassant ses affaires.

— Pardon, s'excusa la voix qui appartenait à la Doc Martens. Je suis désolé !

— Tu peux le dire ! s'énerva Sophie sans prendre la peine de le regarder.

Soudain, elle faillit se mettre à pleurer. Pourquoi elle ? Qu'avait-elle fait pour qu'une énorme empreinte de Doc Martens tache sa feuille quelques minutes avant le cours ?

— J'ai mis le week-end à trouver cette idée, gémit-elle en se relevant.

Elle resta muette de stupeur. L'individu devant elle n'était autre que Tim Bellinger.

— Du calme, Sophie, dit-il d'un ton ironique. N'en fais pas une maladie, ce n'est qu'un devoir !

— Hé, Tim ! lança une voix derrière eux. On dirait qu'elle tient plus à sa copie qu'elle ne tenait à toi quand vous étiez ensemble.

Sophie devint cramoisie. Elle savait qu'elle était rouge tomate, et plus elle y pensait, plus ses joues la brûlaient. Elle fit un effort pour minimiser l'incident :

— Aucune importance, Tim ! La littérature, Fanny Price, Jane Austen, on se demande qui ça intéresse ? ajouta-t-elle avec un rire forcé.

Le train entra enfin sur le quai d'Hampstead et Sophie se précipita vers les portes. Tim la suivit puis marcha à côté d'elle sur le quai.

— Tu es très amie avec Annabel, n'est-ce pas ?

— Oui, très, mentit-elle.

« Je suis prête à avouer que Dracula est mon meilleur ami si ça peut recoller les morceaux entre toi et moi », se désespéra-t-elle.

Tim lui tendit une enveloppe.

— Tiens, donne-lui ça. Dis-lui que je passe la chercher plus tard. Merci. Salut.

Et il repartit dans l'autre sens pour rejoindre ses copains. Elle en resta bouche bée. Elle servait de facteur à la fille qu'elle détestait le plus au monde. Et la lettre venait du garçon dont elle était folle amoureuse. Le cœur en compote, Sophie se demanda si le moment n'était pas venu de se jeter sous le métro.

4

TRAHIE PAR MA PROPRE MÈRE !

— Sophie ! Sophie ! appela Amy dès qu'elle vit son amie. Devine ce qui se passe ?

Elle la rejoignit à toute vitesse sur le seuil de la classe. Sophie scruta Amy puis lança d'un ton sec :

— Ce qui se passe, c'est que tu m'as trahie ! Comment as-tu pu ?

Les yeux d'Amy s'agrandirent puis elle recula d'un pas.

— De quoi tu parles ?

— Tu le sais très bien, répliqua Sophie en vérifiant rapidement qu'Annabel n'était pas dans les parages. J'ai l'air d'une idiote, maintenant. Je n'arrive pas à croire que tu aies osé.

Elle sortit l'invitation et l'agita sous son nez.

— Tu as poussé Annabel à m'envoyer ceci. Moi qui croyais que tu étais mon amie !

Amy la regarda, interloquée, puis protesta vivement :

— Je suis ton amie !

Elle se tut aussitôt : les deux pestes de la classe – Sarah Weston et Kate Church – s'étaient approchées, l'air très intéressé.

— Tu penses que je vais avaler qu'Annabel s'est levée un beau matin et s'est dit : « *Une fête sans Sophie Cross ? Impossible ! Je vais lui envoyer un carton tout de suite !* » Tu te fiches de moi ou quoi ? Cette fille me déteste ! glapit Sophie, hors d'elle.

— Ça, c'est bien vrai ! confirma une voix derrière elle.

C'était Annabel en personne. Malgré le règlement de l'école qui interdisait le maquillage, ses cils étaient épaissis par plusieurs couches de mascara, un trait d'eye-liner étirait ses paupières tandis que des petites lunes argentées pendaient à ses oreilles. Elle repoussa une mèche de ses magnifiques cheveux blond cendré et observa Sophie calmement.

— Je ne peux pas te sentir et je n'ai aucune envie de te voir chez moi, poursuivit-elle.

Sophie déglutit, consciente que tout un groupe de filles étaient suspendues à leurs lèvres.

— Alors pourquoi ai-je reçu ce carton ?

demanda Sophie en essayant de garder un ton ferme. Tu voulais faire plaisir à Amy ?

— Amy ? Pas du tout ! répliqua Annabel. Il paraît que lorsque Maman s'est rendue à votre... boutique, dit-elle en insistant avec mépris sur le mot « boutique », ta mère l'a pratiquement suppliée à genoux de t'inviter. Si j'avais su, je l'aurais empêchée de céder. Apparemment, il est trop tard. Alors, samedi soir, souviens-toi que tu es à ma soirée uniquement parce que ma mère a été trop polie pour envoyer promener la tienne.

Sophie crut qu'elle allait s'évanouir. Elle pensa aussi à crier, à hurler puis à s'enfuir à toutes jambes. Mais, par-dessus tout, elle eut envie de tuer sa mère.

— Va te faire voir, Annabel ! hurla-t-elle. Je ne viendrai pas à ta fête pourrie. J'ai prévu autre chose que de venir à ta soirée à la con et...

— SOPHIE CROSS ! cria Mlle Camp, scandalisée. Il est hors de question que l'on emploie ce langage dans cette école. Tu seras collée demain une heure après les cours.

— Je vais vous expliquer... implora Sophie.

— Rien du tout ! explosa Mlle Camp. Maintenant, tout le monde en classe ! Nous allons étudier le style un peu plus élégant de Jane Austen.

Annabel adressa un regard triomphant à Sophie. Celle-ci se retint de lui sauter à la gorge. Une fois que les élèves furent assises, Mlle Camp chaussa ses lunettes. Amy se pencha vers Sophie.

— Je suis désolée pour l'heure de colle, chuchota-t-elle.

Sophie haussa les épaules.

— Qu'est-ce que ça peut te faire ?

— J'essayais simplement d'être gentille, murmura Amy.

Mlle Camp demanda alors quel était l'élément comique dans le chapitre de *Mansfield Park* qu'ils étudiaient. Lorsque l'enseignante indiqua que c'était la lettre que Fanny écrivait à son frère, Sophie sursauta. Le courrier de Tim pour Annabel ! Zut. Qu'elle était bête de ne pas l'avoir remis ! Peut-être était-ce très important ? Tant pis. Elle décida de l'oublier encore quelques heures. Après tout, Annabel Winterton était la dernière personne à qui elle avait envie de rendre service.

5

MAMAN CHÉRIE, JE VAIS T'ÉTRANGLER !

« Merci pour ce merveilleux lundi, Maman ! » pensa Sophie, qui ne décolérait pas.

Pour couronner le tout, il pleuvait des cordes lorsqu'elle sortit du métro. Ses cheveux dégoulinaient de pluie et une abominable odeur de gel mouillé se répandit autour d'elle. Un coup d'œil sur une vitrine lui suffit. Elle avait l'air d'avoir onze ans et ressemblait à un épouvantail avec ses vêtements trempés.

Sophie ouvrit violemment la porte du Grenier de rêve et la laissa claquer exprès derrière elle. Comme prévu, les chers éventails de Malaisie de Mme Cross frissonnèrent sous l'appel d'air.

Merci, Maman ! Grâce à elle, Amy lui avait à peine adressé la parole. À chaque fois qu'elle avait croisé Annabel dans le couloir, celle-ci avait haussé le ton pour parler de sa fête et indiquer à ses camarades à quel point certaines étaient prêtes à tout pour y assister. En fin de journée, les filles la regardaient d'un drôle d'air.

— Ah, chérie, c'est toi ! s'exclama Vanessa Cross. J'étais justement en train de...

— Tu as gâché ma vie, l'interrompit-elle. Mon avenir est fichu ! Comment as-tu pu m'humilier de la sorte ?

Les yeux de sa mère s'écarquillèrent.

— Chérie, je...

— Je passe pour une imbécile auprès de toute l'école et Amy ne me parle plus.

— Sophie ! avertit sa mère d'un ton menaçant.

— Tu n'as aucune pudeur ! Grâce à toi, je suis finie !

Vanessa jeta un coup d'œil embarrassé vers le fond de la boutique. Un discret toussotement apprit à Sophie que sa mère était avec une cliente. Une femme africaine, tout en rondeurs, vêtue d'une robe rouge et blanc, apparut devant elle. Elle avait l'air plutôt amusée.

— Excusez-moi ! s'écria Mme Cross en se précipitant vers la plantureuse dame. Vous vouliez sans doute voir une de ces lampes de chevet ? Ou peut-être puis-je vous renseigner sur ce petit lutin ?

La femme éclata de rire.

— Oh non ! Je me contenterai de ces deux cartes postales.

Vanessa dissimula tant bien que mal sa déception et se dirigea vers la caisse. Les bras croisés, Sophie ne bougea pas d'un centimètre, incendiant sa mère du regard. Celle-ci s'en aperçut rapidement.

— Pourquoi ne montes-tu pas prendre un thé, Sophie ? Qu'en dis-tu ? proposa-t-elle.

Sophie faillit lui expliquer ce qu'elle en pensait mais elle se retint. Il ne fallait jamais se disputer devant les clients : Vanessa ne le lui pardonnerait jamais.

— Je reste ici. Je n'ai pas fini de te raconter ma journée, rétorqua Sophie poliment.

— Je ferme le magasin dès que j'en ai terminé avec madame, insista Vanessa avec un sourire charmant. Et tu pourras me dire ce qui ne va pas.

— Comme si tu ne le savais pas, marmonna Sophie entre ses dents.

Sa mère laissa échapper un soupir excédé. La cliente se mit à tousser pour ne pas rire.

— Les adolescents ! s'exclama-t-elle. Ils sont tous pareils ! Nous, les adultes, on ne sait jamais ce qu'on leur a fait !

— Je suppose que nous commettons simplement l'erreur d'exister, riposta Vanessa sèchement.

Sophie se jeta sur son lit. Soudain, elle renifla autour d'elle d'un air soupçonneux. Une odeur musquée empestait sa chambre. Elle envoya valser ses chaussures.

— Maman ! Tu as encore fait visiter ma chambre à des clientes trop parfumées ! s'énerva-t-elle.

Pas un magazine ne traînait sur sa somptueuse moquette crème. On avait même enlevé la photo du mannequin aux cheveux sublimes qu'elle avait affichée au mur pour la remplacer par un affreux petit miroir doré. La table de sa coiffeuse était anormalement vide. Sophie se leva d'un bond et ouvrit ses tiroirs. Elle en ressortit crèmes, rouges à lèvres et vernis et les disposa n'importe comment sur la table.

— Je crois qu'il est temps que je règle mes comptes avec vous, madame Cross ! siffla-t-elle entre ses dents.

Une fois qu'elle eut remis du désordre, elle observa la pièce d'un air satisfait.

Le téléphone sonna et Sophie se précipita sur l'appareil de sa table de chevet pour répondre.

— Allô ?

— Salut, Sophie ! C'est Livi !

Sophie recommença à bouillonner intérieurement. Elle n'avait aucune envie de lui parler.

— Salut, Livi. Je suis super-contente de t'entendre. Comment vas-tu ?

— Je m'ennuie, j'ai grossi, j'ai d'horribles boutons tout neufs ainsi que mes règles.

Sophie éclata de rire. Elle connaissait Livi depuis quelques mois et elle l'appréciait énormément. Leur rencontre remontait au jour où la mère de Livi – la presque célèbre Judy Joplin – avait vendu ses poteries en céramique à Vanessa. On pouvait parler de tout avec Livi. De garçons et de musique mais aussi des parents, des cheveux et d'avenir professionnel : ni l'une ni l'autre n'avaient la moindre idée de ce qu'elles avaient envie de faire plus tard. La seule ombre à leur amitié était que Livi habitait à Leehampton, à une heure de train de Londres. Les deux filles se voyaient donc rarement.

— Ça va, toi ? demanda Livi.

— Très bien, répondit automatiquement Sophie avant de se rappeler qu'elle n'avait pas à jouer la comédie avec Livi. En fait, pas terrible. Je suis sur le point de tuer ma mère.

Elle lui raconta l'affaire Annabel Winterton en détail.

— Quelle plaie ! la plaignit Livi. Tu vas à la fête ou pas ?

— Tu plaisantes ! Même un couteau sous la gorge, je n'irais pas. Si seulement tu habitais Londres, on aurait pu passer la soirée ensemble. Attends ! J'ai une idée géniale ! Pourquoi ne viendrais-tu pas pendant les vacances !

— Ce serait super mais...

Sophie eut un pincement au cœur. Son amie avait d'autres projets plus amusants.

— Mais quoi ? marmonna-t-elle.

— Je n'ai pas beaucoup de sous en ce moment.

— Arrête, déclara Sophie, soulagée. On ne fera rien de spécial ! Tu sais bien que le *Guide du Londres pas cher* est ma bible ! Et nous ne sommes pas riches ! Ma snob de mère a la folie des grandeurs, alors nous vivons au-dessus de nos moyens. Tu viendras ?

— Bon, c'est d'accord, accepta Livi.

Soudain, Sophie entendit un éclat de voix et son amie soupira :

— Il faut que je raccroche. Ma mère est en train de faire une crise à cause de la note de téléphone.

— Salut, Livi. Je te rappelle la semaine prochaine pour organiser ça. Je t'embrasse.

Elle raccrocha et le téléphone résonna aussitôt.

« Elle a sûrement oublié de me dire une chose importante », pensa-t-elle.

— C'est toi, Livi ? s'esclaffa-t-elle.

Une série de crachotements et de craquements divers lui répondit.

— C'est toi, ma chérie ?

— Papa ! hurla Sophie. Où es-tu ?

— À Maputo. La ligne est très mauvaise. Je t'appelle simplement pour t'annoncer mon arrivée à l'aéroport d'Heathrow, samedi prochain à vingt et une heures. Je suis si impatient de te voir ! Tu me manques, chérie, tu n'as pas idée.

Sophie se sentit réchauffée jusqu'au fond du cœur.

— Moi aussi. J'ai des tonnes de choses à te dire.

— Tu me raconteras tout. Je passerai plein de temps avec toi, c'est promis. Et puis j'aurai aussi besoin de ton aide, déclara Clive Cross.

— Mon aide ? répéta Sophie, étonnée.

— Je t'expliquerai dès que je serai à Londres. Et ton petit ami ? Tim, si je me souviens bien ?

— On s'est quittés.

— Ça va aller ? demanda son père, un soupçon d'inquiétude dans la voix.

— Très bien. Ne t'en fais pas. De toute façon, je m'ennuyais à mourir avec Tim.

— Chérie, il faut que je te laisse. J'ai une

réunion ultra-urgente. J'ai hâte d'être à samedi. En attendant, je t'embrasse très fort.

Sophie garda le combiné à l'oreille un long moment. Elle n'entendait plus que les bips-bips mais elle était contente. Son père rentrait et il avait très envie de la voir. Elle irait l'accueillir à l'aéroport. Et il s'intéressait vraiment à sa vie. Ne lui avait-il pas demandé des nouvelles de son petit copain ? Sophie était en train de reposer le téléphone quand sa mère apparut à la porte. Elle tenait trois tulipes en verre et une grenouille en céramique dans les mains.

— J'ai fait du thé et préparé un petit goûter, annonça Vanessa. Qui était-ce, au téléphone ?

— Livi. Elle vient un week-end pendant les vacances. Ça ne t'ennuie pas ?

— Bien sûr que non, affirma Mme Cross distraitement tout en jetant un œil un peu dégoûté sur le désordre. Ça t'occupera. Tu ne seras pas dans mes jambes, comme ça.

— Merci. Excuse-moi d'exister, répliqua Sophie.

— Ce n'est pas ce que je voulais...

— Aucune importance, l'interrompit-elle.

En réalité, elle était très excitée par ce qu'elle allait révéler. Elle tenait sa revanche.

— Maman, devine de qui était le second coup de fil ?

— Tim ? dit sa mère, pleine d'espoir. Ou Roddy, alors ? Ce charmant garçon dont le père est avocat ?

Sophie secoua lentement la tête.

— Papa ! s'écria-t-elle.

— Ah, répondit Vanessa. Tu viens ? Le thé va être froid.

— Écoute, Maman. Il n'atterrit pas au beau milieu de la nuit comme tu croyais, mais à vingt et une heures. On peut donc aller le chercher. Il a dit que...

— Ne sois pas bête, la coupa sa mère. Je ne vais pas passer ma seule soirée libre de la semaine à courir à l'aéroport dans les embouteillages. Je suis invitée à la soirée des Sutcliffe et...

— Maman ! Tu peux aller à des fêtes ou des dîners tout le temps tandis que Papa ne vient qu'une fois par an. Tu dois m'emmener le chercher ! protesta Sophie.

Vanessa serra le petit poisson en lapis-lazuli, suspendu à la lourde chaîne en or autour de son cou.

— Je ne *dois* rien du tout ! rétorqua-t-elle sèchement. Et je te rappelle que tu n'es pas libre non plus puisque tu vas à la fête d'Annabel. Ce sera bien plus amusant.

Sophie la regarda, ahurie. Quel culot !

— Tu crois vraiment que je vais y aller ? Après ce que tu as fait ? Tu t'imagines que...

Vanessa fut sauvée par le téléphone qui retentit une nouvelle fois. Elle sortit de la chambre pour s'enfuir vers le salon.

— Je prends l'appel ! avertit-elle, plutôt soulagée.

— Et dès que tu as terminé, on parle ! hurla Sophie sans bouger.

Elle s'allongea sur le lit. Quoi qu'en dise sa mère, elle irait à l'aéroport. Elle en avait pardessus la tête d'être manipulée par Vanessa du matin au soir. Une chose était certaine, en tout cas. Lorsqu'elle allait annoncer à ses camarades qu'elle passerait le samedi soir avec son père de retour de Maputo au Mozambique, la pathétique fête en rose de la pauvre Annabel allait leur paraître ridicule. Et sa mère aussi allait connaître sa façon de penser. Personne ne l'empêcherait d'avoir une vie privée. Elle fonça jusqu'au salon au pas de course. Vanessa venait de raccrocher.

— Tu m'as humiliée auprès de toute l'école mais tu ne réussiras pas à gâcher ma vie ! cria Sophie, folle de rage.

Vanessa s'enfonça un peu plus dans le magnifique fauteuil en cuir blanc. Puis elle approcha la tasse de thé à la bergamote de ses lèvres en murmurant :

— Qu'est-ce que j'ai encore fait ?

6

LA VERSION DES FAITS SELON VANESSA CROSS

— Il paraît que tu as pratiquement supplié la mère d'Annabel de m'inviter ! accusa-t-elle.

Sophie venait de consacrer cinq bonnes minutes à décrire à Vanessa la plus grande humiliation de sa vie. Furieuse, elle s'empara d'une troisième part de gâteau aux amandes. Vanessa nota avec intérêt que l'affreux drame que vivait sa fille ne lui coupait pas l'appétit.

— Maintenant que tu as fini, est-ce que je peux en placer une ? Parce que cela ne s'est pas passé comme ça du tout.

— Ah oui ? ironisa Sophie. Quelle est ta version ?

— Claudia Winterton est venue à la boutique pour acheter des poignées de porte. Elle a aperçu les serviettes en papier, tu sais, celles avec des chérubins roses. Elle a adoré. « Elles seront idéales pour la soirée d'Annabel ! » s'est-elle écriée. J'ai donc demandé en toute innocence : « Quand est-ce ? — Samedi », m'a-t-elle répondu. Elle s'est étonnée que tu n'aies pas encore reçu d'invitation. J'ai expliqué que je l'aurais su parce que tu aurais certainement sauté de joie jusqu'au plafond à l'idée de...

— Tu as dit QUOI ? bondit Sophie.

— J'ai expliqué que tu aurais été ravie, chérie. Malgré vos petites différences, Annabel et toi...

— Petites différences, laisse-moi rire ! Maman, Annabel Winterton est une calamité et je la déteste.

— Vous êtes amies depuis l'école maternelle.

— Non, *tu* voudrais que nous soyons amies depuis l'école maternelle.

— Ne chipotons pas. Bon, je continue. Donc, Claudia Winterton s'est excusée. Elle a conclu que c'était une erreur puis elle a promis de poster un carton dès son retour. Personnellement, je n'étais pas mécontente de cette petite impolitesse. Parce que maintenant, il est presque sûr qu'elle va me commander les abat-jour ivoire qu'elle cherche, ainsi que les plantes et les cache-pots dont elle a besoin, exulta Vanessa.

— Alors, c'est pour cette raison que tu veux

que j'y aille ? Tu te sers encore de moi pour conclure des affaires ?

— Bien sûr que non ! s'exclama Vanessa. À propos, je vais te donner de l'argent. Tu vas pouvoir t'offrir une jolie tenue pour la fête.

Sophie fut tentée quelques secondes. Elle avait repéré un adorable T-shirt rose auquel elle pensait sans arrêt depuis des semaines. Elle se souvint alors des remarques d'Annabel et reprit ses esprits. Pas question de céder. Et puis, n'avait-elle pas un rendez-vous important samedi soir à l'aéroport ?

— Oublie, répliqua Sophie. Je n'irai pas.

— Bien sûr que si, chérie ! protesta Vanessa d'un ton peiné.

— Maman, si tu ne m'entends pas, lis sur mes lèvres ! Je-n'irai-pas-à-la-fête-d'Annabel-Winterton.

— Que se passe-t-il depuis quelques jours ? Tu étais une enfant adorable et voilà que, subitement, tout devient un problème insurmontable ! Il s'agit d'une fête, pas d'une heure de colle ! Tu répètes sans cesse que la vie est ennuyeuse et que je suis trop stricte avec toi. Maintenant que se présente une occasion de t'amuser, de rentrer au petit matin et de t'acheter des vêtements, tu fais la fine bouche !

Vanessa se leva, arrangea deux vases grecs au passage, puis se dirigea vers la fenêtre.

« Petit matin, mon œil ! pensa Sophie. Fin de la fête à minuit, c'est couru d'avance ! »

Néanmoins, grâce à cette réflexion, une idée carrément géniale se présenta à son esprit. Il ne fallait pas qu'elle ait l'air de céder facilement sinon sa mère aurait des soupçons.

— Je ne te promets rien, mais je vais y penser, dit-elle d'un ton neutre.

Prise de court, sa mère se tourna vers elle.

— À la bonne heure ! Voilà qui est mieux ! Tu n'aimerais pas être la seule à ne pas aller à cette soirée, n'est-ce pas ? Parce que *ça*, c'est vraiment humiliant !

« Ma mère, songea Sophie, vit sur une autre planète. »

— Si tu crois que je dois... enchaîna-t-elle d'un ton faussement hésitant.

Le visage de Vanessa s'illumina. Quelques secondes plus tard, elle serrait sa fille dans ses bras.

— Chérie, tu dois avoir une vie sociale. Je sais que ce n'est pas évident mais l'existence est ainsi faite : elle est cruelle et sans pitié lorsqu'on manque de relations. Vois-tu, il est impossible de vivre sans carnet d'adresses.

— Oui, Maman, acquiesça Sophie.

En réalité, elle n'écoutait que d'une oreille. Toute son attention était focalisée sur le plan détaillé de son samedi. Sa soirée se déroulerait à des kilomètres de la fête en rose d'Annabel Winterton.

7

TONY BAXTER DE KING HENRY

Le lendemain, à la fin des cours, Sophie resta à se morfondre en salle de permanence. Elle devait une heure de colle. Elle plancha sur un thème imposé par Mlle Cramp : « Comment éviter de massacrer la langue ? »

La journée n'avait pas été si mauvaise, après tout. D'abord, sa mère lui avait donné de l'argent afin qu'elle s'offre une tenue pour une fête à laquelle elle n'irait pas. Second bon point, elle s'était réconciliée avec Amy.

— Alors, tu viens, samedi, ou pas ? l'avait interrogée celle-ci à midi.

— Oui et non, avait confié Sophie en baissant la voix.

— Tu peux préciser ?

— Retrouve-moi après mon heure de colle

devant les grands magasins et je t'explique tout. On ira manger des glaces.

— C'est toi qui régales ?

— Bien sûr. Pour me faire pardonner de ne t'avoir pas crue, hier.

— C'est oublié. À tout à l'heure.

Sophie se pencha sur sa feuille pour écrire sa conclusion : « *Jurer contribue à abîmer la musicalité et la beauté des merveilleux mots que nous prononçons. Voilà une tentation à éviter absolument si nous ne voulons pas participer au massacre de notre belle langue.* »

Elle leva les yeux et s'adressa d'une voix douce comme le miel à la surveillante :

— Madame Peters ? J'ai fini mon devoir. Puis-je y aller ?

— Si tu tâches de ne plus t'exprimer vulgairement...

— Promis, répondit-elle en tendant sa feuille. Je suis un peu pressée, vous savez, j'ai rendez-vous avec ma mère, mentit Sophie.

— Alors vas-y. Il ne faut pas faire attendre une grande décoratrice aussi débordée que Mme Cross.

— Je ne vous le fais pas dire, gloussa Sophie en se ruant vers la porte.

Quoi qu'il en soit, elle n'aurait pas dû se précipiter. Parce que si elle avait marché normalement et si le garçon à lunettes n'avait pas été dans la lune, aucun choc ne se serait produit. Sophie courait tout en se demandant si elle choisirait la robe crème ou le T-shirt rose lorsqu'il déboucha du coin de la rue, le nez dans un magazine. La collision fut si violente que Sophie se retrouva par terre, le contenu de son cartable éparpillé autour d'elle. Le garçon à la peau mate eut l'air extrêmement inquiet.

— Je suis désolé. Ça va ? demanda-t-il en l'aidant à se relever.

Sophie se crispa sous la douleur. Son genou gauche était écorché et, à travers son collant déchiré, elle vit le sang perler. Il la regarda de très près avec des yeux écarquillés.

— Et toi, ça va ? s'enquit-elle en reculant un peu.

— Si j'arrive à retrouver mes lunettes ! Je ne sais pas du tout où elles se sont envolées !

Sophie remarqua alors qu'il portait l'uniforme du collège King Henry. Il scruta le sol, tout en avançant les mains à tâtons devant lui.

— Elles sont là ! s'écria Sophie.

Elle les ramassa vivement. Une des branches était tordue et la monture cabossée.

— Ne t'affole pas ! C'est leur état normal ! répliqua-t-il en riant. Elles sont vieilles !

Il essuya du doigt une tache de gras sur le verre. Sophie lui tendit un mouchoir.

— Merci. Je m'appelle Tony Baxter.

— Et moi je suis...

— Sophie Cross.

— Comment sais-tu mon nom ? s'étonna-t-elle, un peu méfiante.

Il détourna aussitôt les yeux.

— J'ai entendu quelqu'un t'appeler... euh... hier matin... dans le métro... lorsque ton classeur est tombé... J'étais dans la même rame que toi.

— Ah bon, fit Sophie, soulagée.

Elle saisit son cartable en se rappelant soudain son rendez-vous avec Amy.

— Je dois y aller. Ma copine m'attend.

— Je t'accompagne un peu ? proposa-t-il, à la grande surprise de Sophie.

— Oui. Si tu veux, Tony.

— Je veux, confirma-t-il.

Sophie pressa le pas puis ralentit aussitôt l'allure : son genou lui faisait mal. Alors qu'ils s'engouffraient dans le métro, elle en profita pour examiner discrètement Tony. Théoriquement, elle accordait plus de dix sur vingt aux garçons de King Henry. Elle eut bien peur que celui-ci ne dépasse pas le deux et demi. Il n'était pas plus grand qu'elle et sa silhouette était plutôt frêle. Sa peau avait la couleur d'une noix de pécan brûlée et son visage rond était envahi par ses trop grosses lunettes. Néanmoins, il avait un nez adorable et sa bouche pulpeuse était très sexy. Elle corrigea sa note. Quatre sur dix.

— Tu habites Beaufort Street, au-dessus du Grenier de rêve, la boutique de décoration, n'est-ce pas ? dit-il.

— Oui. Comment le sais-tu ? fit Sophie, à nouveau surprise.

— Ce n'est pas compliqué. Je livre des journaux et ta mère est abonnée à toutes les revues à la mode. J'ai quasiment une scoliose à cause d'elle.

— Maman est impossible ! Mais pourquoi fais-tu ce job ? Je croyais que c'était un boulot pour les garçons fauchés.

Tony eut un sourire en coin.

— Ma famille ne gagne pas assez bien sa vie.

— Je suis désolée, bredouilla Sophie. Je ne voulais pas... je pensais que...

— Tu pensais que les garçons qui vont à King Henry sont tous friqués, continua-t-il calmement. Pas moi, je bénéficie d'une bourse. Je livre des journaux pour avoir un peu d'argent de poche et aussi pour tenir le coup dans cette école.

Il montra discrètement un groupe d'élèves de King Henry non loin d'eux. Ils étaient penchés sur une luxueuse télévision miniature où était diffusé un match de cricket.

Sophie fut impressionnée : ce garçon était si honnête, tellement simple et ouvert. Il n'avait pas l'air embarrassé du tout de se confier à elle.

— Tu n'es pas anglais, n'est-ce pas ?

Elle s'en voulut de sa maladresse et se détourna, gênée. Tony ne parut pas vexé.

— Bien sûr que si ! répliqua-t-il, amusé. Je n'ai pas la couleur de peau d'un Anglais parce que ma mère est afro-antillaise. C'est pour ça que j'ai l'air « chocolat au lait qui a tourné ».

— Mais pas du tout ! protesta Sophie.

— Alors tu n'as jamais vu la couleur de celui qu'on sert à la cafétéria de King Henry.

Sophie éclata franchement de rire. Elle vérifia le nom de la station à laquelle ils arrivaient et sursauta :

— Oh zut ! J'ai raté mon arrêt. Amy va me tuer !

Elle attrapa son cartable et courut vers les portes.

— Sophie ! Je te vois demain ? cria Tony, resté dans la rame.

Elle ne répondit pas mais ne sortit pas non plus : elle s'arrêta net. Elle se trouvait nez à nez avec Tim Bellinger ! Aussitôt, elle fut saisie d'un frisson, eut un petit pincement au cœur avant de rougir violemment.

— Hé, salut, Sophie ! Est-ce que tu as donné ma lettre à Annabel ?

— Oui, mentit-elle.

— Oh non ! Super ! Je suis dans de beaux draps, maintenant ! soupira Tim.

Sophie eut la vague impression qu'il avait l'air tout à coup de trouver que c'était une très mauvaise idée. Le signal retentit et elle sauta sur le quai. Le métro démarra. Tim la contempla à travers la vitre. Elle eut soudain conscience de son collant déchiré et de son blazer taché. La lettre, elle la glisserait dans le casier d'Annabel demain matin à la première heure. Sophie réfléchit. Tim l'avait troublée en un quart de seconde tandis que durant quinze minutes, avec un inconnu, elle n'avait pas perdu son sang-froid une seule fois.

« C'est parce que ce Tony n'est pas séduisant du tout. Il est hors concours. Comment se fait-il qu'on perde ses moyens devant celui qui nous plaît alors que c'est pile à ce moment-là qu'il faudrait rester calme ? La vie est si injuste ! » se lamenta-t-elle en se hâtant vers la sortie.

8

AMY COMME ALIBI

Les coudes appuyés sur la table du café, Sophie se pencha vers Amy :

— Voilà ! Maintenant tu sais tout !

— *Enfin !* grommela Amy, qui n'avait toujours pas digéré les vingt minutes de retard de Sophie. Mais dis-moi, que se passera-t-il si ta mère découvre que tu as menti et que tu n'es pas allée à la fête d'Annabel ?

— C'est là que tu entres en piste, confia Sophie d'un ton de conspiratrice.

— J'en étais sûre ! râla Amy.

— Voici mon plan : ta mère est venue nous chercher. Ensuite, elle m'a ramenée à la maison. Et comme je serai rentrée avant minuit, maman ne vérifiera rien.

Amy, dont les professeurs mentionnaient chaque année sur les bulletins scolaires qu'elle était responsable et mature, s'inquiéta aussitôt :

— S'il t'arrive quelque chose ? Est-ce raisonnable d'être seule dehors un samedi soir ?

— Mais je serai avec Papa. Il me déposera en rentrant de l'aéroport. Il sera heureux de me voir, Maman sera ravie de penser que je m'amuse comme une folle chez Annabel et tout le monde sera content.

— Et si la mère d'Annabel et la tienne se téléphonent ? Ou imagine que les nôtres se croisent par hasard ?

— Arrête de faire ta rabat-joie ! gémit Sophie. Viens plutôt acheter cette nouvelle robe avec moi ! Après tout, Maman m'a donné de l'argent pour ça ! Autant que je ne la déçoive pas ! conclut-elle avec mauvaise foi.

— De quoi ai-je l'air ? demanda Sophie en se pavanant dans le magasin.

— Si Ben te voit, il tombe dans les pommes ! Quel dommage qu'il ne te plaise pas, soupira Amy.

— Au secours ! On dirait ma mère ! Raconte-moi plutôt les derniers potins, demanda Sophie.

— Figure-toi que je sais par Laura pourquoi Annabel était absente aujourd'hui ! révéla Amy avec délectation.

Les battements de cœur de Sophie s'accélérèrent :

— Pourquoi ?

— Hier, c'était son anniversaire. Tim lui avait promis une surprise. Et tu ne devineras jamais quoi ? Annabel a attendu sa surprise toute la soirée. Elle a fini par téléphoner chez lui. La fille au pair des Bellinger lui a appris qu'il était sorti... avec sa nouvelle petite amie.

— Pauvre Annabel ! s'exclama Sophie, sincèrement désolée. Je trouve ça affreux. C'est si méchant de la part de Tim ! Il aurait pu au moins lui envoyer une carte ou une lettre...

À ces mots, elle porta la main à sa bouche. Elle se rongea immédiatement un ongle. Une lettre... LA lettre. Elle fila vers la cabine pour enlever la robe. Le cœur battant, elle se pencha vers son cartable et effleura l'enveloppe.

« Je dois trouver une idée brillante ! Et tout de suite ! » pensa-t-elle, effondrée.

9

COMMENT AFFRONTER ANNABEL WINTERTON ?

Le vendredi matin, à l'heure du petit déjeuner, Sophie se sentit très mal. La seule pensée d'affronter la furie d'Annabel l'empêchait d'avaler ses céréales. Elle reposa sa cuillère lorsqu'elle songea au reste du lycée. Tout le monde penserait qu'elle avait gardé la lettre exprès. Peut-être devrait-elle simplement glisser l'enveloppe dans le casier d'Annabel. De la cuisine lui parvinrent la radio qui diffusait *Don't cry for me Argentina* et le cliquetis des couverts. Mme Picket était en plein rangement. Elle travaillait pour les Cross depuis que Sophie avait sept ans. Vanessa et elle s'aimaient beaucoup. Sophie, qui l'adorait aussi, la rejoignit dans la cuisine. Mme Picket était petite et maigre, sa peau évoquait le papier mâché, et la couleur de ses cheveux variait du bleu sombre au gris avec une touche de turquoise selon les semaines. Lorsqu'elle ne chantait pas, Mme Picket parlait toute seule.

— Bonjour, madame Picket ! lança Sophie. Où est Maman ?

— En bas. En train de paniquer à propos d'une commande de bougies parfumées qui n'est pas arrivée ! Pourtant, je lui ai bien dit qu'il était inutile de s'affoler ! Qu'elles soient livrées à temps ou pas n'empêchera pas la Terre de tourner !

Sophie se hissa sur le rebord de l'évier. Elle aurait dû partir pour le collège mais elle n'en avait aucune envie.

— Tu as une figure de lait tourné, constata Mme Picket. Que se passe-t-il ? Tu as un problème ?

— Oui. Il s'appelle ma vie, répondit Sophie d'un ton grandiloquent.

Mme Picket éclata de rire.

— Rien que ça ? Crois-moi, ma chérie, quand une journée commence, il vaut mieux y faire face sans détour. Une heure d'hésitations est une heure de perdue. Maintenant, si tu veux bien m'excuser, je dois nettoyer les plinthes, et ensuite faire briller le comptoir du magasin.

Sophie prit son imperméable dans l'entrée

puis vérifia dans le miroir du hall qu'elle n'avait pas de bouton sur le nez.

« Dieu merci, songea-t-elle, moi, je n'ai pas à nettoyer la saleté des autres. Bien qu'à l'instant je préférerais de loin astiquer la boutique du sol au plafond que d'affronter Annabel. »

Elle avait à peine fait quelques mètres, le parapluie brandi devant elle pour empêcher le vent de lui envoyer la pluie à la figure, que quelqu'un l'interpella.

— Sophie !

Un taxi blanc ralentissait pour s'arrêter à sa hauteur. La tête de Tony apparut par la fenêtre de la voiture, les lunettes dégoulinant de gouttes d'eau.

— Je t'emmène ? proposa-t-il.

Il descendit et lui tint la portière.

— Je n'ai pas les moyens de me payer la course ! chuchota Sophie.

— Tu n'auras rien à payer, promit-il en souriant.

Sophie se glissa à l'intérieur.

— Ça ne m'étonne pas que tu aies des problèmes d'argent, Tony ! Si tu vas au collège en taxi tous les matins !

Le conducteur se tourna vers eux :

— Je peux y aller, mon grand ? Tu n'as pas

prévu d'autres tours de pâtés de maisons pour attendre une autre fille ?

— Non, répondit Tony, très embarrassé. Sophie, je te présente mon père.

Éberluée, Sophie regarda mieux l'homme. C'était un Anglais de taille moyenne à l'allure très soignée. Ses cheveux étaient blond-roux et ses sourcils broussailleux. Il sourit chaleureusement à la jeune fille.

— Salut, ma puce ! C'est toi la petite que Tony a...

— Papa ! l'interrompit sèchement son fils. Démarre !

— Ça doit être génial d'avoir un taxi à disposition ! fit Sophie, enthousiaste.

— Ne t'emballe pas ! C'est assez rare qu'il m'emmène. Ce matin, il a un client à prendre non loin de l'école. Par ce temps, je me suis dit qu'avec ton genou blessé tu n'aimerais pas trop marcher.

« Il est adorable », pensa Sophie, aux anges.

— Oh là là, mon genou, ça va, Tony. C'est plutôt le reste qui m'inquiète !

Et sans savoir pourquoi, elle lui raconta tout. La lettre, Annabel, la fête.

— Mon Dieu, mais c'est atroce ! On oublie *vraiment* quelque chose et les gens croient qu'on l'a fait exprès alors que notre mémoire était tout simplement en mode « off » !

Sur ces mots, il éclata de rire.

— Tu ne prends jamais rien au sérieux ? demanda Sophie.

— C'est le seul moyen de s'en sortir. Lorsque j'étais à l'école primaire, j'étais le souffre-douleur de mes camarades. Il m'en est resté un peu d'humour.

— Pourquoi t'embêtait-on ?

— Parce que ma mère est noire et mon père blanc. Parce que je ne suis pas très grand pour mon âge, que je suis nul en sport, parce que je suis laid... Tu veux que je continue la liste ?

— Tu n'es pas laid ! Quelle importance que tes parents soient blancs ou noirs ? Au moins, eux, ils sont ensemble !

— Les tiens sont séparés ?

Sophie hocha la tête. Elle décrivit les obsessions financières de sa mère, parla du travail de son père en Afrique. Quelle joie c'était pour elle de le revoir enfin !

— Voilà pourquoi je n'irai pas à cette fête stupide ! Je préfère aller le chercher à l'aéroport.

Tony haussa un sourcil.

— Et ta mère ? Elle n'est pas au courant ?

— Elle serait folle si elle l'apprenait ! D'ailleurs, à part la boutique, son activité préférée est de jouer des sales tours à mon père. Enfin, de toute façon, elle ne saura rien de ma petite expédition à Heathrow.

La voiture s'arrêta devant l'école et M. Baxter recommanda à sa passagère de sortir par la portière côté trottoir.

— Merci beaucoup, monsieur Baxter, lui dit-elle. Au fait, vous pensez que ça me coûterait combien d'aller de chez moi à l'aéroport en taxi ?

— Environ vingt-huit livres, déclara-t-il.

« Oh, oh, songea Sophie, dépitée. Encore un beau projet qui tombe à l'eau ! »

10

DÉFINITIVEMENT SEULE AU MONDE

Sophie se précipita dans les vestiaires, ouvrit son casier où elle avait laissé la lettre de Tim. Elle vérifia d'un rapide coup d'œil si les perfides copines de sa pire ennemie étaient dans les parages. Personne ! La chance serait-elle enfin de son côté ? L'enveloppe à la main, elle s'approcha du casier d'Annabel à pas de loup. Elle allait l'y glisser enfin quand une voix sèche lui glaça le sang :

— Espèce de sale petite peste !

Sophie sentit le cœur lui manquer. Elle se retourna et vit Annabel. Poings sur les hanches, celle-ci la regardait droit dans les yeux. À ses côtés se tenait son amie Kate qui avait tout l'air d'être sur le point d'étrangler Sophie.

— Alors, c'était toi ! reprit Annabel.

Sophie entendit comme un sanglot dans sa voix et se sentit encore plus mal.

— Écoute-moi, supplia-t-elle. Je ne l'ai pas fait exprès. J'ai vraiment oublié, je t'assure...

— Ça ne prend pas ! hurla Annabel, hors d'elle. Tu es pathétique de te venger de cette manière ! J'imagine que c'est parce que je ne t'ai pas invitée à ma fête ? Moi qui pensais que Tim avait oublié mon anniversaire ! Et toi, Sophie Cross, pendant tout ce temps, tu avais les billets bien planqués dans tes affaires !

Sophie tomba des nues :

— Les billets ? Quels billets ?

— Parfaitement, intervint Sarah qui venait de les rejoindre. Tim avait des places géniales pour la finale de foot ! Il avait entraînement de sport et il ne voulait pas prendre le risque de les perdre. Dans l'enveloppe qu'il t'a confiée se trouvaient le billet d'Annabel et un petit mot qui précisait qu'ils se retrouvaient directement au stade. Grâce à toi, elle n'a eu ni l'un ni l'autre.

— Je suis vraiment désolée, bredouilla Sophie.

— Ah ça, tu vas l'être ! Crois-moi ! promit Annabel, rageuse. Tim a cru que je lui avais posé un lapin.

« C'est pour ça qu'il avait l'air si bizarre dans

le métro lorsque je lui ai affirmé que j'avais bien donné l'enveloppe en temps et en heure, devina Sophie. Je n'aurais jamais dû lui mentir. Il devient urgent de rejeter la responsabilité sur quelqu'un d'autre. »

— Mais pourquoi ne t'a-t-il pas téléphoné quand il ne t'a pas vue au stade ? demanda-t-elle d'un air innocent.

— Parce qu'il n'avait pas mon numéro sur lui, explosa Annabel. Je suis sur liste rouge et Tim n'a aucune mémoire.

— Oui, je m'en souviens, approuva Sophie.

Annabel la fusilla du regard mais ne releva pas et poursuivit :

— Lorsque mon frère l'a croisé, Tim lui a expliqué qu'il t'avait remis l'enveloppe et on a découvert le pot aux roses ! Tim a dit qu'il aurait dû se douter qu'une rabat-joie comme toi ne saurait...

— Une rabat-joie ? l'interrompit Sophie, la bouche sèche.

— Oui ! Tu es incapable de t'amuser, répliqua Annabel d'un ton cinglant. Ce n'est pas une raison pour empêcher les autres de faire la fête. Tu ne supportes pas que Tim me préfère à toi...

— De plus, ajouta Kate, Tim est sorti avec une autre fille. Il a été vexé et il est avec quelqu'un d'autre, maintenant. La fille au pair des Bellinger l'a confirmé ! Bravo, mademoiselle Cross !

— Oh, la ferme, Kate ! hurla Sophie, à bout de nerfs. J'ai fait une bêtise, d'accord ! Je suis désolée d'avoir oublié la lettre et je suis navrée d'avoir gâché ton anniversaire, Annabel. Je ne viendrai pas à ta soirée, si ça peut te consoler.

— Ne te fais aucune illusion, tu n'as pas intérêt à te montrer chez moi ! glapit Annabel. J'ai mis ma mère au courant. Elle connaît maintenant ta brillante manière de rendre service ! Je te garantis qu'elle va répéter ça à la tienne ! Œil pour œil, dent pour dent, bien fait pour toi ! conclut-elle d'une voix de gamine.

Sophie faillit s'évanouir.

« Si Maman apprend cette histoire, mon plan tombe à l'eau. Je n'aurai plus d'alibi pour aller chercher Papa en douce. »

Il fallait qu'elle réfléchisse, et vite. Elle respira profondément et se lança.

— Sois chic, Annabel, demanda-t-elle d'un ton enjôleur. Pourquoi mêler nos mères à cette affaire ? Je ne viendrai pas chez toi et je te rembourse les billets de foot. On en reste là, d'accord ?

— Ça ne dépend plus de moi, rétorqua Annabel, qui avait perçu l'inquiétude de

Sophie. Je parie que Maman a déjà téléphoné à ta mère.

« Si c'est le cas, songea Sophie, il est inutile que je rentre à la maison ce soir. »

— C'est vrai ? demanda Amy en ouvrant des yeux ronds à l'heure du déjeuner. Tu as vraiment planqué les billets d'Annabel ?

— Bien sûr que non ! protesta Sophie, outrée.

Et elle raconta tout à son amie. Elle s'attendait qu'Amy approuve et la plaigne.

— Tu aurais dû lui donner tout de suite ! jeta celle-ci froidement. Tu viens d'admettre toi-même que tu as décidé de garder l'enveloppe quelques heures.

— C'est vrai, concéda Sophie. Mais je voulais la lui remettre dans l'après-midi. Ça m'est vraiment sorti de la tête.

— Je te signale qu'on a fait les magasins ensemble juste après ! Tu ne m'en as absolument pas parlé, s'indigna Amy.

Sophie baissa les yeux.

— Tu aurais pu lui téléphoner le soir même, t'excuser et lui donner l'enveloppe. Tu n'es vraiment pas gentille.

Sur ces mots, Amy se leva et rejoignit Kate et Sarah dans la cour.

« Voilà, c'est fait ! Même Amy m'a laissée tomber. Je suis seule au monde et si je me faisais écraser dans la rue, personne ne s'en soucierait, se lamenta Sophie. Je n'ai plus que Papa dans la vie. Vivement samedi soir ! »

11

MIEL PARADISIAQUE OU FUCHSIA FLAMBOYANT ?

— Sophie ! hurla Vanessa dès que celle-ci mit les pieds dans la boutique.

— J'ai plein de devoirs ! cria Sophie en montant en quatrième vitesse à l'appartement.

C'était la première fois qu'elle parlait de travail un vendredi soir en rentrant du lycée. Tentative désespérée pour échapper à une tirade hystérique de sa mère. Elle était prête à apprendre Shakespeare par cœur si cela pouvait lui éviter une discussion avec Vanessa.

— Pas si vite ! l'arrêta sa mère.

Elle se tenait au pied de l'escalier, une pile de délicats plateaux japonais peints à la main en équilibre instable sur ses bras.

— Tu vas bien m'écouter, ma fille, et pas un mot avant que j'aie fini.

« Ça va être ma fête ! » devina Sophie, désespérée.

— ... Je sais que tu vas encore dire que je me mêle de tes affaires, mais tant pis !

« Vas-y, Maman, souhaita Sophie. Qu'on en finisse ! »

— ... Je t'ai pris un rendez-vous chez le coiffeur. Pour que tu sois belle à la soirée d'Annabel. Tu pourras même t'offrir une coloration. Tant que ce n'est pas une teinte ahurissante.

Sophie resta bouche bée quelques secondes.

— Quoi ? bredouilla-t-elle.

Vanessa posa ses plateaux et lui tendit la main.

— C'est un salon de coiffure très discret, caché dans une petite rue tranquille. Personne n'en saura rien. Tu as rendez-vous dans un quart d'heure. Ne commence pas à faire ta mauvaise tête...

Sophie dévala l'escalier quatre à quatre. Elle soupira de soulagement et se jeta dans les bras de sa mère.

— Maman, c'est merveilleux ! Je me change et j'y vais tout de suite !

Vanessa regarda sa fille comme si elle avait devant elle un Martien.

Sophie ne protestait pas.

Sophie ne se disputait pas avec elle.

Sophie ne l'avait même pas reprise lorsqu'elle avait parlé de « teinte ahurissante ».

« Quelque chose ne va pas », se dit Vanessa en observant sa fille.

Mme Cross refusa de s'affoler. Pas tout de suite. Elle verrait plus tard. Elle se contenta donc de savourer la douce étreinte de sa fille serrée contre elle.

— Je crois que je vais choisir celle-ci, indiqua Sophie à la coiffeuse élancée qui lui montrait des échantillons de couleurs. Miel paradisiaque, voilà ce qu'il me faut, décida-t-elle d'un ton satisfait.

Sophie fut saisie d'un doute en tournant la page.

— À moins que Fuchsia flamboyant ne soit...

La jeune femme fronça aussitôt les sourcils :

— Je ne suis pas sûre...

— Pour l'amour du ciel, expliquez à cette pauvre chérie qu'elle va avoir l'air d'une tomate grillée dans un barbecue ! s'écria soudain sa voisine.

— Ce sont mes cheveux ! s'énerva Sophie en pivotant sur son fauteuil. Si ça ne vous gêne pas de... Oh !

À ses côtés, la femme enveloppée dans une

blouse noire, avec un fatras de pinces et de bouclettes sur la tête... n'était autre que la cliente africaine de la boutique ! Celle qui l'avait vue en train de se fâcher contre sa mère.

— Bonjour ! s'esclaffa-t-elle. Vous êtes Sophie, n'est-ce pas ?

Elle lui tendit la main :

— Je suis Agatha Burnbright. Par pitié, n'optez pas pour Fuchsia flamboyant !

— Pourquoi pas ? rétorqua Sophie, un rien d'agacement dans la voix.

La coiffeuse soupira en dansant d'un pied sur l'autre. Elle bâilla puis prit un air nettement ennuyé. Mme Burnbright s'empara du catalogue :

— Parce qu'il vous faut une nuance qui mette en valeur vos magnifiques yeux et votre peau aussi pâle que l'ivoire ! Voilà pourquoi. Quelque chose comme...

Et elle posa le doigt sur une boucle de cheveux colorés en Hêtre brûlé.

— Et je dégagerais la nuque et raccourcirais un peu au niveau des oreilles, pour accentuer vos merveilleuses pommettes.

La coiffeuse approuva en hochant violemment la tête mais son sourire demeura un peu crispé.

« Si je change encore d'avis, elle me scalpe », songea Sophie

Elle s'observa avec intérêt dans le miroir. Jamais elle n'avait pensé qu'elle avait de magnifiques yeux, une peau aussi pâle que l'ivoire ainsi que de merveilleuses pommettes.

— Alors je vais me laisser tenter par Hêtre brûlé ! J'espère que la couleur ne va pas rater. Si jamais elle tourne sur moi...

— Elle sera parfaite, l'interrompit la coiffeuse.

Mme Burnbright s'approcha et roula une mèche des cheveux de Sophie entre ses doigts.

— Votre chevelure est superbe. La couleur tiendra.

— Bon, décida Sophie en se tournant vers la coiffeuse. Allons-y. Mais, ajouta-t-elle en se tournant vers sa voisine, si ma mère fait une crise, je vous l'envoie.

Agatha Burnbright renversa la tête en arrière et rit à gorge déployée.

— À mon avis, votre mère n'a pas une minute pour piquer une colère au sujet de votre nouvelle teinture. Vous savez, j'adore sa boutique ! J'y vais souvent. Et à chacune de mes visites, je constate qu'elle a l'air complètement débordée.

— Ne m'en parlez pas ! gémit Sophie. Elle

n'a de temps que pour le Grenier de rêve. Surtout depuis que sa vendeuse l'a laissée tomber. Parfois, je vérifie dans un miroir que je ne suis pas devenue invisible tellement elle ne me voit même plus.

— La vie est dure ! approuva Agatha. Quel âge avez-vous ? Quinze ans ?

— Quatorze. Vous trouvez vraiment que je fais quinze ans ? questionna Sophie, enchantée.

— Tout à fait, confirma l'opulente dame en posant sa main sur son épaule. Et devinez quoi ? Quand vos cheveux seront coupés, vous ferez encore plus.

« Agatha Burnbright, décida Sophie, est une femme très bien. »

Sophie s'amusa énormément avec Agatha, qui lui parla de son petit-fils qui étudiait le dessin pour devenir illustrateur de livres d'enfants. Et lorsque Sophie lui raconta que son père travaillait en Afrique, Agatha l'écouta avec attention et fut d'accord avec elle pour déclarer que c'était un homme exceptionnel.

— Je vais le chercher à l'aéroport ce soir, conclut Sophie, oubliant que tout le monde devait croire qu'elle se rendait chez Annabel.

— Il va être ravi et très fier, déclara Agatha.

Surtout quand il verra à quel point votre couleur est réussie. Vous allez être sublime.

Sophie se tourna à nouveau vers le miroir. Elle s'examina avec beaucoup d'attention.

— Madame Burnbright ! cria la secrétaire du salon. Votre petit-fils est là !

— Dieu du ciel ! s'écria Agatha. Qu'est-ce qu'il fiche ici ?

Sophie était toujours concentrée sur son reflet malgré les ridicules bigoudis et tortillons de papier aluminium censés diffuser Hêtre brûlé dans sa chevelure. Elle se répéta le mot « sublime » dans sa tête lorsqu'elle vit s'avancer dans le miroir un visage vaguement familier.

— Salut, Mamie ! Maman est toujours au travail et j'ai oublié ma clé à la maison !

Sophie le regarda, bouche bée.

— Tony ! s'écria-t-elle au bout d'un instant.

Le jeune homme l'observa, sourcils froncés, puis soudain son visage s'éclaira :

— Sophie ! Je ne t'ai pas reconnue. Qu'est-ce que c'est, ces bigoudis sur ta tête ?

— Des bigoudis ! s'exclama-t-elle en riant.

— Mamie, je meurs de faim ! Je peux avoir ta clé ? s'impatienta Tony.

Mme Burnbright n'avait pas l'air très pressée de la lui remettre.

— Vous vous connaissez ? Ah, mais... Tony !

Ça y est ! J'y suis ! C'est elle ! La fille dont tu parles sans arrêt ! N'est-ce pas ? C'est Sophie, pas vrai ?

— Mamie ! supplia Tony, très embarrassé.

— Extraordinaire ! s'enflamma-t-elle. Fabuleux ! Génialissime ! Mademoiselle, voulez-vous nous apporter du thé ? demanda-t-elle à une coiffeuse d'un ton autoritaire.

Agatha fouilla ensuite dans son sac et en extirpa un Tupperware. Elle l'ouvrit puis en sortit deux parts de gâteau.

— Assieds-toi, Tony, ordonna-t-elle. Nous allons prendre le thé avec Sophie.

— Tu trouves ça vraiment réussi ? demanda Sophie pour la centième fois à Tony alors qu'il la raccompagnait chez elle.

— Absolument, répondit-il.

— Tu n'as pas l'air convaincu, insista-t-elle.

— Ça ne change rien. Tu es toujours la même. Que tes cheveux soient noirs, bleus, jaunes ou verts, ça m'est égal. C'est toi que j'aime.

Sophie le regarda du coin de l'œil.

— Comme une amie, bien sûr, ajouta Tony.

— Bien sûr, renchérit Sophie sans hésiter.

Tony ne pouvait être que ce genre de garçon : celui avec lequel « on est amie, bien sûr ».

— Agatha m'a dit que tu voulais être illustrateur, lança Sophie, qui ne comprenait pas du tout pourquoi son cœur s'était mis à battre si vite.

— Oui, affirma Tony. Tu peux rire tout haut, tu sais.

— Pourquoi ? s'étonna-t-elle.

— La plupart des gens rigolent quand ils apprennent que je suis passionné par les livres pour enfants.

— Je ne suis pas la plupart des gens, rétorqua Sophie.

— Je sais. Une autre raison pour laquelle je t'aime bien...

Il s'arrêta pour refaire le nœud de son lacet.

— Je crois bien que non, lança Tony brusquement.

— Pardon ?

— Je me demandais... si tu voudrais m'accompagner demain... à... euh... cette exposition stupide... je suis sûr que tu trouves ça crétin... Je ne sais même pas pourquoi je te raconte tout ça, bafouilla-t-il comme si les phrases s'enchaînaient malgré lui. Je rentre, annonça-t-il soudain.

— Tony !

— Oui ? dit-il en examinant le bout de ses chaussures.

— J'aimerais beaucoup venir avec toi, même

si je n'ai pas du tout compris de quoi il s'agissait.

Son visage s'illumina et il repoussa ses lunettes sur son nez.

— Vraiment ?

— Oui. Tout pourvu que je n'entende pas ma mère délirer au sujet de lampes chinoises ou d'éventails japonais. Oh non, Tony ! Je n'en pense pas un mot !

Tony sourit.

— Je passe te chercher à quatorze heures.

Sophie ouvrit la bouche mais le garçon la prit de vitesse.

— Oui, nous serons revenus à temps pour que tu puisses aller chercher ton père à l'aéroport.

— Comment as-tu deviné ce que j'allais dire ?

— Je l'ai deviné, c'est tout.

Sophie, sans savoir pourquoi, se sentit extrêmement belle, détendue et à l'aise.

12

UN GARÇON QUELCONQUE, MAIS TRÈS SYMPATHIQUE

Sophie passa son samedi matin à tester des vernis. D'abord, elle choisit Moutarde intense sans hésiter une seule seconde. Dix minutes plus tard, elle était certaine que Violente flamme convenait beaucoup mieux. Finalement, Moutarde intense rehaussait la couleur de ses cheveux. Elle se brossa ensuite les sourcils et s'épila avec soin. Bien sûr, cette nervosité n'avait rien à voir avec son rendez-vous. Tony n'était pas le genre de garçon pour lequel on se mettait en quatre. Sophie s'agitait uniquement pour ne pas éveiller les soupçons de sa mère. Vanessa devait croire qu'elle se faisait belle pour la fête d'Annabel. De plus, Sophie tenait à être sublime à l'aéroport. La dernière fois que son père l'avait vue, elle n'était qu'une asperge de treize ans aux cheveux en bataille. Désormais, il fallait qu'il comprenne bien la situation : sa fille avait un style et une allure incroyables. Elle se demanda même s'il allait la reconnaître.

Elle s'était répété chaque instant de leur merveilleuse soirée en boucle depuis le matin. Sa mère, par le plus grand des miracles, lui avait plus que facilité la tâche en réglant un dernier détail.

— Écoute, chérie, lui avait-elle proposé, nous allons prendre un taxi. Il me conduira chez les Sutcliffe puis il finira la course en te déposant chez Annabel. L'équipe de football de Chelsea joue à domicile ce soir et je n'aime pas l'idée de te savoir dans le métro à l'heure du match.

« Merveilleux ! Vive Chelsea ! » songea Sophie, aux anges.

Elle demanderait au taxi de la laisser à la station Gloucester d'où elle prendrait la ligne de Piccadilly pour rejoindre l'aéroport d'Heathrow. Elle avait été si heureuse qu'un grand sourire s'était affiché sur son visage.

— Au fait, Maman. Je sors, cet après-midi.

— Tu vas te promener avec Amy ?

— Je vais à une exposition. Avec Tony, rectifia Sophie.

— Tony ? reprit sa mère d'un ton plein d'espoir.

— Ce garçon, tu sais.

— « Ce garçon, tu sais ? » répéta Vanessa, le front plissé par l'inquiétude. Le connaît-on ?

— *Moi*, je le connais, sinon je ne sortirais pas avec lui, rétorqua-t-elle.

— Sortir ?

— Pas *sortir ensemble*, sortir tout court, soupira Sophie qui se demanda une fois de plus pourquoi sa mère était incapable de comprendre un fait aussi simple.

— Veux-tu t'expliquer ?

Sophie décida qu'il était temps de sortir son joker.

— Tony va au collège King Henry. C'est un ami de Tim Bellinger.

Vanessa se détendit aussitôt.

— Parfait. Il va à King Henry et Tim et lui sont amis... Au fait, où allez-vous, Tony et toi ?

— Voir une exposition, je te l'ai déjà dit.

Vanessa la contempla comme si elle avait annoncé qu'elle prenait des cours intensifs de physique-chimie jusqu'à la fin de l'année.

— Formidable, chérie ! Je suis ravie que tu t'intéresses à des activités culturelles. Parle-moi un peu de ton nouveau petit ami...

— Ce n'est pas mon petit ami ! protesta Sophie, soudain très stressée.

— Quoi qu'il en soit, tu l'amèneras à la boutique pour me le présenter.

« Au secours ! Elle va faire du charme à ce pauvre Tony, lui poser des questions ridicules et embarrassantes. Ce qui n'a aucune importance, se rassura Sophie, parce que, après tout, Tony est vraiment très quelconque. »

Peu avant quatorze heures, Sophie téléphona plusieurs fois chez Amy. La troisième tentative fut la bonne. Elle voulait être sûre – malgré la soudaine froideur de leurs relations – que son amie la couvrait toujours pour la fête.

— Oui, confirma Amy un peu sèchement. Je me demande bien pourquoi je mens pour toi.

— Je ne pense pas que ma mère vérifie. C'est juste en cas de pépin, je te le promets, la rassura Sophie.

— Que fais-tu cet après-midi ? demanda Amy.

— Je sors avec ce type, tu sais.

— Non. Lequel ?

Comme d'habitude, l'animosité d'Amy s'évanouit à la mention d'un individu du sexe masculin.

— Celui que j'ai rencontré, précisa Sophie.

Nous nous sommes rentré dedans au coin de la rue... juste avant notre rendez-vous... le garçon aux lunettes... je t'avais raconté... tu t'en souviens ?

Amy s'en souvenait fort bien. Sophie sentit au ton surexcité de son amie qu'elles n'étaient plus en froid du tout.

— C'était une exposition géniale ! s'écria Sophie dès qu'ils sortirent du musée de Chelsea. Je ne savais pas que « Le panorama des livres pour enfants à travers les âges » pouvait être si amusant.

— J'avais peur que tu ne me prennes pour un idiot de m'intéresser à ça, avoua Tony.

— Mais pourquoi ? Ta grand-mère m'a expliqué que tu veux illustrer des livres pour les petits. Je suppose que tu dessines très bien ?

Tony haussa les épaules :

— J'aime ça, c'est tout. Et toi ? Que veux-tu faire plus tard ?

Sophie poussa un lourd soupir :

— Je ne sais pas, je n'arrête pas de changer d'avis. Parfois, je voudrais devenir infirmière, d'autres fois, psy. Quelque chose d'utile, en tout cas. J'ai besoin qu'on ait besoin de moi.

Elle ne sut jamais pourquoi elle avait ajouté cette dernière phrase. Elle n'avait jamais exprimé ce désir à personne. Mais une fois que les mots eurent franchi sa bouche, elle comprit que c'était la stricte vérité. Ses joues s'enflammèrent aussitôt.

— C'est stupide, n'est-ce pas ?

— Pas du tout. Je comprends ce que tu ressens.

Ils s'arrêtèrent au coin de la rue où habitait Sophie.

— J'ai passé un après-midi formidable, Tony. Je ne serais jamais allée voir cette exposition seule.

Tony sourit.

— Je vais rentrer, maintenant. J'ai envie de dessiner cette histoire qu'on a lue là-bas.

Il tourna les talons puis revint vers elle.

— Sophie ? À quelle heure arrive ton père ?

— Son avion atterrit à vingt et une heures. Je file pour l'aéroport vers vingt heures.

Tony hocha la tête et la regarda droit dans les yeux :

— Fais attention à toi, d'accord ?

— Promis, jura Sophie en souriant à nouveau.

En montant dans sa chambre, elle essaya de se rappeler le dernier copain qui lui avait demandé de faire attention à elle. Elle ne trouva pas. Pour la simple et bonne raison qu'aucun d'entre eux ne lui avait jamais dit une chose pareille.

« Ce Tony, décréta-t-elle, est vraiment très sympa. »

13

DE MAPUTO À LONDRES

Sophie se planta devant le terminal des arrivées de l'aéroport d'Heathrow, un peu assommée par l'agitation autour d'elle. Il lui semblait que des papillons voletaient dans son estomac. Ses mains devenaient moites, puis froides, puis les deux à la fois. Elle s'était rendue à plusieurs reprises aux toilettes pour remettre du rouge à lèvres et vérifier que sa nouvelle barrette-hologramme était bien en place. Elle avait pris deux cafés dont elle n'avait pas vraiment envie et elle avait traîné dans les boutiques de l'aéroport pour tuer le temps. Sophie leva les yeux vers le tableau des arrivées pour la centième fois. Enfin, le vol BA 456 – Provenance Maputo s'afficha et Sophie hurla :

— Ouuui ! Super !

Elle applaudit à tout rompre, ce qui fit sourire les personnes qui attendaient, elles aussi. Elle courut vers la barrière métallique et se glissa entre une imposante Africaine en boubou et un petit homme nerveux qui brandissait une pancarte « Société M.I. Métaux – M. Lumodo ».

Après quelques minutes qui lui parurent des siècles, un groupe de passagers poussant des chariots débordant de bagages apparut. Ils tenaient de nombreux sacs en plastique remplis de boissons achetées en duty-free, certains traînant des valises, d'autres des clubs de golf. Sophie ressentit un drôle de pincement au cœur. Comme lorsqu'on se dit que la personne que l'on attend a raté l'avion. Soudain, elle le vit. Un homme aux traits anguleux, plutôt grand et maigre. Le visage brûlé par le soleil, un sac couleur kaki jeté sur l'épaule, il tirait une valise brune toute cabossée.

— Papa ! hurla Sophie en sautillant et en agitant la main vers lui.

Le problème était que presque tout le monde criait « Papa ! », « Maman ! », « Tante Jeanne ! » ou « Chérie ! » d'une voix aiguë. Clive Cross ne regarda ni à droite, ni à gauche, ni en face de lui et poursuivit son chemin.

Sophie se rua vers la sortie du terminal et le guetta. Elle se sentit intimidée, comme si elle allait à la rencontre d'un inconnu. Et si elle ne trouvait rien à lui dire ? Et s'il la trouvait affreusement laide ?

Une fois le couloir du terminal franchi, Clive scruta les alentours. Sophie, qui était tout près, avança la main et lui toucha l'épaule.

— Papa !

Il la contempla avec de grands yeux étonnés.

— Sophie ? Sophie !

Il lâcha son sac, sa valise et la prit dans ses bras. Il sentait le gingembre et le soleil, ses joues mal rasées picotèrent la peau de Sophie. Il la serra très fort contre lui puis se recula en la tenant à bout de bras. Il l'inspecta de la tête aux pieds.

— Je n'en reviens pas ! Ce que tu as grandi ! Tu es si jolie ! Et tes cheveux ? Quand je suis parti, tu étais blonde !

Sophie s'esclaffa aussitôt :

— Ils ont aussi été roux, noirs et auburn pendant ton absence ! Mais je crois que je tiens la bonne couleur, cette fois, non ?

— Tu es magnifique ! Tu as tellement changé !

Soudain, il se mit à rire :

— Je te parle comme à une petite fille ! Si je ne me reprends pas tout de suite, je vais me mettre à te parler de l'école !

— Oh non ! Ne fais pas ça ! marmonna Sophie.

— À ce point ?

Il reprit son sac et sa valise et regarda autour de lui :

— Maman est là ?

— Non. Madame est à un dîner mondain. Encore des clients éventuels pour sa boutique, ajouta-t-elle d'un ton agressif.

Clive fronça les sourcils :

— Tu es venue à Heathrow toute seule ? Comment as-tu fait ? Ta mère ne s'est pas inquiétée plus que ça ?

— J'ai pris le métro, expliqua Sophie en ne répondant exprès qu'à une question sur trois. Viens, on va prendre un café, Papa. Raconte-moi tout ! Est-ce que l'école a enfin un toit ? Et la route, est-elle finie ? Est-ce que...

Clive leva la main en riant.

— Minute, chérie. Laisse-moi reprendre mon souffle. Je veux tout savoir sur toi, moi aussi. Mais sortons d'ici, d'abord. Je dois récupérer la clé de mon appartement chez mon voisin et il se fait tard.

— On prend un taxi ? suggéra Sophie.

— Gâchis, rétorqua Clive. Une course coûte autant que le lait de cinq bébés africains pour un mois. Direction le métro.

— Oh, fit Sophie, déçue, qui espérait un retour tranquille et confortable jusqu'au centre-ville.

Puis elle culpabilisa : elle ne pensait qu'à elle alors que le lait de cinq bébés africains était en jeu.

Lorsqu'ils arrivèrent à la station, Sophie attendit devant le guichet que son père achète des tickets.

— Oh, chérie, dit-il, désolé. Je n'ai pas changé mon argent. Pourrais-tu nous offrir des billets à tous les deux ? Je descends à Camden.

Sophie fouilla dans son sac et hocha la tête :

— J'ai juste assez.

— Je te rembourserai. Allons-y, maintenant. J'ai hâte que tu me parles de toi.

En réalité, ce fut surtout Clive qui parla. D'une voix assez tonitruante pour que tout le wagon entende, il expliqua combien l'équipe du Mozambique était triste de le voir partir. Car tout reposait sur lui.

Il poursuivit au sujet des travaux de construction des routes, se plaignit des pluies africaines plus diluviennes que jamais. Sans son génie et son habileté, le projet aurait été un échec.

Lorsque le métro entra en gare d'Acton, Sophie trouvait la saga des systèmes de drainage en Afrique totalement ennuyeuse. Elle se sentit un peu embarrassée aussi à cause des regards appuyés que jetaient les autres passagers à son père qui s'exprimait trop fort.

— Et tout ceci n'a qu'une seule et unique cause, expliqua Clive Cross. La pauvreté.

Le visage de Sophie s'éclaira :

— J'ai un dossier à rendre sur la nouvelle pauvreté pour l'école. Je n'ai aucune idée. Par où commencer ?

— Je vais t'aider ! s'écria son père, enchanté.

Sophie soupira :

— Sauf que notre prof nous a demandé de nous consacrer à la nouvelle pauvreté à Londres.

— Pas de problème, reprit Clive en touchant le cuir de ses magnifiques bottes. Je ne vais pas rester assis dans mon appartement pendant deux mois, tu sais. Je continue à agir. Je travaillerai trois jours par semaine pour mon association à Londres et pour notre local d'accueil destiné aux sans-abri : « Le Refuge ».

Sophie le regarda avec admiration :

— Même en congé, tu vas aider les défavorisés ?

— Absolument, affirma Clive en baissant modestement les yeux. Des centaines de personnes à la rue ont besoin d'aide, peu importe que je sois en vacances ou pas ! J'ai une idée ! Pourquoi ne m'accompagnerais-tu pas certains jours après les cours ? Ça te fera un point de départ pour ton dossier.

— Vraiment ? s'exclama Sophie. Je peux venir avec toi ?

— Évidemment ! Je tiens à ce que tu connaisses le monde de la rue. Tu pourrais faire beaucoup pour les SDF.

Sophie se vit en train de servir la soupe à de pauvres gens, soigner des arcades sourcilières blessées, remuer doucement des marmites de curry quand le train entra en gare de South Kensington.

— Tu viens, Papa ?

Elle s'étonna qu'il ne bouge pas.

— Non, chérie. Il est tard. Je t'ai dit que je descendais à Camden. Où dois-je changer ?

— À Leicester Square. Tu ne veux pas passer un tout petit peu à la maison ?

— Non, vraiment. Tiens, dit-il en lui tendant un bout de papier. Voici mon adresse et mon numéro de téléphone. Appelle-moi demain. Nous déjeunerons ensemble. On mangera chez moi après avoir fait une razzia de plats indiens à emporter.

Des plats indiens à emporter ? Vanessa considérait cette façon de se nourrir comme une très mauvaise habitude. Selon elle, les sauces sucrées et salées auraient vite fait de tacher ses fauteuils de cuir blanc. Quant à l'odeur des crevettes sautées, elle supplanterait complètement les délicieux effluves de son pot-pourri à la pêche.

— À quelle heure je t'appelle, Papa ?

— Quand tu veux, chérie, dit-il avec désinvolture. Je me débrouillerai pour être disponible.

Sophie sortit du compartiment et attendit sur le quai. Elle agita la main vers son père jusqu'à ce que le métro disparaisse dans le tunnel. Lorsqu'elle remonta vers la rue, elle se sentit nerveuse. Il était onze heures du soir, il faisait froid et la nuit était tombée. Elle savait qu'elle était idiote d'avoir peur. Les rues fourmillaient de monde : la preuve, la circulation était si intense qu'elle mit un temps fou à traverser. Non, elle n'avait aucune crainte à avoir. Pourtant, elle aurait tellement aimé que son père la raccompagne ! Il avait semblé choqué que Vanessa la laisse venir à Heathrow mais cela ne l'avait pas dérangé qu'elle rentre seule.

Elle se rassura. Il ne pouvait pas la ramener. D'abord, ses bagages étaient lourds et, ensuite, il revenait en Angleterre après un an passé en pleine brousse africaine. Comment aurait-il pu penser aux agressions et à la violence dans la capitale la nuit ? Et ne connaissait-elle pas ce quartier comme sa poche ?

Lorsqu'elle sentit une main se poser sur son épaule, elle poussa un cri. Elle fit volte-face et se retrouva nez à nez avec Tony qui serrait un carnet de dessins contre lui.

— Tu es cinglé ! J'ai failli mourir de peur ! hurla-t-elle.

— Je suis désolé, s'excusa Tony en baissant les yeux. J'aurais dû t'appeler de loin. J'ai pensé que tu n'aimerais pas rentrer seule chez toi. Ce n'est pas tout près.

Sophie s'adoucit. Un peu de compagnie sur le chemin du retour. Pourquoi pas ?

— Comment as-tu su que j'étais là ? demanda-t-elle, soupçonneuse.

Tony eut l'air mal à l'aise. Il ne répondit pas mais lui tendit son carnet à dessins. Il commença ensuite à marcher très vite. Sophie eut un mal fou à le suivre.

— Attends-moi ! supplia-t-elle, hors d'haleine.

Elle feuilleta le carnet et resta sans voix. Un magnifique dessin au fusain les représentait, elle et son père, à l'aéroport. Il était fidèle dans les moindres détails, des joues mal rasées de Clive jusqu'à la lanière cassée de son sac en cuir.

— Tu m'espionnais ! accusa-t-elle.

— Non, non, ça ne s'est pas passé comme ça du tout !

Il s'exprimait à toute vitesse et son récit devint vite une succession de phrases décousues :

— Je te savais là-bas, ta mère n'était pas au courant et avec les hooligans du match de foot... et si l'avion était en retard ou que ton père l'ait raté et, tu comprends, tu rentres toute seule et donc, moi, j'ai traîné dans le coin... Oh, zut ! C'était idiot de ma part.

Il lui arracha le carnet des mains et tourna les talons.

— Non ! le rappela Sophie. Reviens ! Tu es vraiment gentil. Et ce croquis est stupéfiant ! Comment as-tu fait pour dessiner aussi vite ?

— Je ne sais pas, avoua Tony en haussant les épaules. Je l'ai terminé dans le métro. J'étais tout au bout de votre compartiment.

— Tu en as d'autres à me montrer ?

— Ils sont chez moi. Tu pourrais passer y jeter un œil un de ces jours. Oh non, laisse, je ne sais pas pourquoi je te propose ça, je suis bête.

Il remonta ses lunettes sur son nez. Sophie avait compris qu'il se comportait ainsi lorsqu'il était gêné.

— J'aimerais beaucoup les voir. Pourrais-je venir ?

Tony hocha la tête en souriant jusqu'aux oreilles.

— Je... je peux garder celui-ci ? balbutia-t-elle en rougissant violemment.

— Bien sûr. Mais tu l'admireras plus tard parce qu'il faut que tu rentres en courant chez toi. Immédiatement.

— Quoi ? fit Sophie, interloquée.

— Un taxi vient de passer au coin de la rue. Ta mère était dedans. Elle va arriver à l'appartement avant toi.

14

QUE PERSONNE NE PARLE APRÈS LE BIP SONORE !

Les chaussures citron vert à talons compensés de Sophie étaient très tendance. Mais pour courir à toutes jambes sur Fulham Road, elles ne lui étaient d'aucune utilité. Au bout de cinquante mètres, elle s'arrêta, les enleva et se remit à courir. Tony, qui se trouvait devant elle, stoppa net lui aussi, mais ce fut pour remonter ses lunettes sur son nez. Par chance, le feu passa au rouge à ce moment-là et le taxi de Vanessa dut patienter. L'intense circulation due aux dîneurs qui rentraient chez eux et aux noctambules qui sortaient permit à Sophie et à Tony de déboucher au coin de la rue alors que le taxi stoppait juste devant le Grenier de rêve. La jeune fille entendit sa mère dire : « Gardez la monnaie ! » au chauffeur d'une voix particulière : celle d'une femme qui a bu du très bon vin à table. Sophie se félicita de ce ton extrêmement détendu qui était de bon augure en cas d'ennuis.

— Tu devrais me laisser, conseilla Sophie à Tony à quelques mètres de sa maison. On ne sait jamais, des fois que ma mère pique une crise.

Tony secoua la tête :

— Je m'en occupe, assura-t-il d'une voix presque autoritaire qui étonna Sophie.

— Bonsoir, monsieur ! dit Mme Cross en saluant le chauffeur.

Elle se mit à fouiller dans son sac à la recherche de ses clés.

— Sophie ! s'écria-t-elle lorsqu'elle vit sa fille s'avancer vers elle. Mon Dieu, mais quelle heure est-il...

— Bonsoir, madame Cross, l'interrompit Tony d'une voix fort polie.

Il lui tendit la main en souriant.

— J'ai proposé à Sophie de la ramener. J'espère que ça ne vous contrarie pas.

Sophie avala difficilement sa salive : elle était sûre que ça allait beaucoup contrarier sa mère.

— Je suis Tony, se présenta-t-il d'une voix charmeuse.

— Ah oui, murmura Vanessa, un peu dans les nuages. Euh... Ah, j'y suis ! Vous êtes celui avec lequel elle se balade le samedi après-midi mais avec lequel elle ne sort pas *vraiment*.

— Maman ! la reprit Sophie, morte de honte. Salut, Tony. À bientôt, s'empressa-t-elle d'ajouter.

— Une minute, la coupa Mme Cross. Ce n'est pas la mère d'Amy qui devait te raccompagner ?

— Oui, mais non, enfin, bafouilla Sophie.

— Amy a été malade dès le début de la soirée, intervint Tony. Sa mère l'a reconduite chez elle. Il valait mieux que je raccompagne votre fille. Nous avons...

— ... pris un taxi, enchaîna Sophie, sachant qu'il était hors de question pour Mme Cross que sa fille chérie prenne le métro passé vingt heures. Mais il y avait tellement d'embouteillages que nous sommes descendus avant la maison et avons fini le trajet à pied.

— Bien ! approuva Vanessa. Vous avez très bien fait. Tony, vous êtes adorable, merci beaucoup. La fête était-elle réussie ?

— Super ! répondit Sophie en se retenant de glousser.

— J'en étais sûre ! déclara Vanessa, triomphante. Tony, je vous ai déjà vu quelque part. Ou peut-être votre mère est-elle une de mes clientes ?

— Maman, s'interposa Sophie. Il est tard et Tony aimerait rentrer chez lui. Il doit se lever tôt demain.

Le garçon hocha la tête :

— Sophie a raison, madame Cross. Je distribue le *Sunday Times* aux aurores. Vous n'aimeriez pas avoir votre supplément déco en retard, n'est-ce pas ?

Vanessa pâlit.

— Vous êtes livreur de journaux ? chuchota-t-elle comme s'il venait de lui annoncer qu'il était tueur en série.

— Oui, madame Cross. C'est sûrement à cause de cela que mon visage vous est familier. Vous m'avez sans doute aperçu dans le quartier. Salut, Sophie. Euh, enfin, voilà, je me demandais, enfin, on se voit demain ?

— Je ne peux pas. Je passe la journée avec Papa.

— Quoi ? s'exclama Vanessa, stupéfaite. Et quand Clive et toi avez-vous organisé ce rendez-vous ?

Sophie se mordit les lèvres. Elle aurait mieux fait de tourner sept fois sa langue dans sa bouche avant de parler !

— Chérie, il est horriblement tard, dit Vanessa en étouffant un bâillement, et puisque tu tiens à faire cette visite surprise à ton père demain, je te conseille d'aller te coucher.

« J'ai réussi ! J'ai réussi ! exulta Sophie intérieurement. Maman m'a crue ! »

— J'écoute le répondeur, et je monte aussi, annonça Mme Cross en plantant un baiser sur les cheveux de sa fille. Je suis si contente que tu te sois autant amusée, chérie.

« C'est le cas de le dire », pensa Sophie, exténuée.

Elle se déshabilla en hâte dans sa chambre et allait se glisser dans son lit quand elle entendit le répondeur s'enclencher à l'étage au-dessous.

« Bonsoir, Vanessa ! C'est Rowena Darby à l'appareil, la mère d'Amy. J'espère que Sophie va bien. Quel dommage que l'on se soit manquées à la fête d'Annabel ! J'aurais aimé lui dire bonjour. »

Sophie se sentit affreusement mal.

« Je viendrai vous rendre visite bientôt. Votre boutique a l'air charmante. Claudia Winterton prétend qu'elle est divine ! Ciao, Vanessa. »

Sophie se crispa. Elle attendit que Vanessa se mette à hurler. Il n'y eut pas un seul cri. Sa mère avait sans doute cru que Mme Darby s'assurait que Sophie était bien rentrée. Elle se détendit, lorsqu'elle entendit un petit sifflement : le second message défila.

« Bonsoir, chérie. »

« Oh non ! Papa ! Ne dis rien ! » supplia Sophie.

« *J'ai été si content de te voir ce soir. Merci d'être venue à Heathrow. J'espère que tu es bien rentrée. J'ai oublié de te dire que je t'ai rapporté des cadeaux du Mozambique. Je te les donnerai quand on se verra demain. Mon appartement est superbe. Tu vas adorer ! À demain ! Bonsoir, ma puce.* »

Sophie ferma les yeux, retint sa respiration et pria de toutes ses forces.

« Mon Dieu, venez-moi en aide ! » implora-t-elle.

— SOPHIE ! DESCENDS ! TOUT DE SUITE !

« Je crois que Dieu a débranché son répondeur », se dit la jeune fille, plus morte que vive.

15

TEL EST PRIS QUI CROYAIT PRENDRE

Sophie entra dans le salon. Sa mère, postée près de la fenêtre, était blême de rage.

— Comment as-tu osé ? hurla Vanessa. Tu n'es pas allée à la fête, n'est-ce pas ?

Sophie dessina un motif imaginaire sur le tapis avec le bout de son chausson et secoua la tête.

— Comment es-tu allée à l'aéroport ? Tu sais très bien que je ne veux pas que tu prennes le métro en pleine nuit. Je suppose que c'est ce Tony qui t'a entraînée !

— Pas du tout ! riposta Sophie. Il n'a rien à voir avec tout ça. On s'est rencontrés à la sortie du métro et il m'a gentiment ramenée.

— Quoi ? Ton père t'a laissée rentrer seule ? Du Clive tout craché ! Il se soucie de millions de miséreux dans le monde et laisserait sa propre famille se faire tuer. Outre le fait que tu m'aies menti, tu te rends compte que des voyous auraient pu t'agresser, te violer ou je ne sais quoi ?

— Maman ! Ne dramatise pas ! J'étais avec Papa dans le métro. Et ensuite, je suis rentrée avec Tony. Je n'ai pas été seule une minute.

— Et lui ? Ce Tony ? Il était au courant ? Il m'a menti, n'est-ce pas ?

Sophie ne put se retenir davantage. Elle tapa du pied sur le plancher :

— Il ne savait rien ! Je lui avais confié que j'allais chercher Papa et il a pensé que...

— Alors tu te confies à lui ? Il en sait plus sur toi que ta propre mère ?

Sophie se mordit les lèvres et compta lentement jusqu'à dix.

— Et cette fête ! poursuivit Vanessa en serrant ses mains jusqu'à ce qu'elles deviennent blanches. Tu m'as désobéi délibérément. Tu as prétendu que tu allais chez Annabel. Je t'ai même donné de l'argent pour une robe ! Pourquoi ce mensonge ?

— Parce que tu ne m'aurais jamais laissée aller chercher Papa ! s'énerva Sophie, les yeux brillants de larmes. C'est toujours pareil. Tu sais mieux que moi ce qu'il faut que je fasse. Sans même te demander ce que j'en pense, moi.

Je déteste Annabel – elle me méprise, elle me ridiculise dès qu'elle peut, quand elle ne m'insulte pas devant tout le monde ! Tu trouves que les fêtes c'est génial, pas vrai ? Eh bien, moi, je ne suis pas comme toi. Je ne passe pas mon temps dans les mondanités, à collectionner les belles robes, à courir après une vie sociale. Ça ne m'intéresse pas.

Elle s'arrêta, à bout de souffle, et essuya une larme qui avait roulé sur sa joue. L'expression de sa mère s'était radoucie et, pour une fois, elle l'écoutait sans l'interrompre.

— Je t'ai suppliée de m'emmener à Heathrow mais tu as refusé. Tu te rappelles ? Tu n'as qu'à t'en prendre qu'à toi-même, maintenant, conclut Sophie.

— Voyez-vous ça ! Je te signale que j'avais un dîner. Dois-je organiser ma vie en fonction de tes désirs ?

Sophie grinça des dents, les joues rouges, hésitant entre la colère et la tristesse :

— Tu n'y arriverais pas plus de deux secondes ! Il n'y a que les mondanités et le Grenier de rêve qui comptent pour toi !

— Ce n'est pas vrai, chérie ! Tu le sais très bien.

— Bien sûr que si ! Un dîner compte plus pour toi que le retour à Londres de Papa ! Peut-être qu'il ne représente rien pour toi mais c'est mon père et je l'aime ! Tandis que toi, je te hais !

Sophie se rua dans l'escalier.

— Reviens ici ! cria Vanessa. Immédiatement !

Sophie se jeta sur son lit et laissa sa mère hurler toute seule. Quelques instants plus tard, lorsque Vanessa ouvrit la porte de la chambre, elle fit semblant de dormir. Elle connaissait sa mère par cœur. Elle ne fermerait pas l'œil de la nuit à cause de leur dispute.

« Tant mieux ! Qu'elle culpabilise un peu ! songea Sophie. Ça ne peut pas lui faire de mal ! »

16

COMMENT MA MÈRE M'A RUINÉE...

Sophie avait l'intention de se lever à l'aube. Mais après la querelle de la veille, elle se sentait épuisée. Elle ouvrit un œil hagard lorsqu'elle sentit un poids sur sa jambe gauche.

Sa mère était assise sur le bord du lit, une tasse de thé à la main. Elle était blafarde, fatiguée et ses yeux étaient rouges.

— Bien dormi ? demanda Vanessa.

Sophie grogna quelque chose qui pouvait passer pour une réponse affirmative. Elle ne tenait pas à ce que Vanessa sache qu'elle avait passé la moitié de la nuit à contempler le plafond.

— À propos d'hier soir... poursuivit sa mère avec entrain.

— Ne commence pas, murmura Sophie.

— Je vais dire ce que j'ai sur le cœur et nous

n'en parlerons plus. Je comprends que tu aies eu envie de voir ton père hier soir. Peut-être ai-je trop insisté avec la soirée d'Annabel.

Sophie la contempla avec des yeux ronds. Vanessa n'était pas du genre à reconnaître ses torts.

— Annabel est-elle vraiment odieuse avec toi ?

Sophie hocha tristement la tête :

— Je ne suis pas aussi belle et drôle qu'elle mais quand même...

— Tu la vaux cent fois, trancha sa mère en la serrant dans ses bras. Quoi qu'il en soit, dit-elle en s'écartant, ce que tu as fait n'est pas bien. Tu as pris des risques et entraîné ce pauvre Tony dans tes histoires.

— C'est faux ! protesta Sophie, indignée.

Puis elle se tut. Après tout, Vanessa se montrait plutôt gentille.

— Je dis la vérité, Maman, expliqua-t-elle d'une voix plus calme. Je suis allée chercher Papa mais je n'ai pas demandé à Tony de m'accompagner. Il m'a suivie parce qu'il était inquiet à cause des hooligans. Puis il s'est imaginé que Papa avait raté son vol ! L'idée que je me retrouve seule à Heathrow l'a affolé...

— Vraiment ? s'exclama Vanessa, surprise.

Sophie acquiesça.

— Je me suis trompée sur lui, avoua Vanessa. Il s'est montré très gentil... Mais je n'ai pas fini à propos de hier soir.

Sophie soupira.

— J'ai pensé te punir pendant une semaine...

— Tu n'as pas le droit !

Elle ne verrait pas son père pendant huit jours ! Elle ne verrait pas les croquis de Tony !

— Laisse-moi finir, la coupa Mme Cross. Cependant, ce serait injuste pour ton père. Il est à Londres pour peu de temps et il serait privé de toi.

Elle fit une pause en chassant une poussière du réveille-matin de Sophie.

— Voici ce que je propose. Tu me rembourses les quarante livres que je t'ai données pour la fête. Cinq livres par semaine jusqu'à ce que ta dette soit réglée.

— Mais ça va me prendre des siècles ! protesta Sophie.

— Privée de sorties pendant une semaine ou tu rends l'argent, à toi de choisir.

— Je te rembourse, déclara Sophie sans hésiter. Et je n'ai plus qu'à mendier dans la rue !

— Pauvre chou ! la plaignit sa mère en l'embrassant. Et plus de mensonges ? Quand tu sors, tu ne me racontes plus d'histoires ?

— De toute façon, lança Sophie, je ne risque plus de sortir puisque je suis ruinée.

— ... je prends le métro jusqu'à Camden, je visite le nouvel appartement de Papa, ensuite je déjeune avec lui, débita Sophie comme on récite une poésie. Tu es sûre que tu ne veux pas que je te dise ce qu'on va manger, Maman ?

Vanessa sourit d'un air pincé.

— Non. Ce ne sera pas utile. En revanche, à quelle heure rentres-tu ? Tu n'as pas fini tes devoirs.

« ... Et pas commencé le dossier sur la nouvelle pauvreté », songea Sophie, catastrophée.

— Six heures ? suggéra-t-elle.

— Très bien, chérie. Si d'aventure tu vois des abat-jours chinois peints à la main, dis-le-moi. Que je rattrape le coup avec Claudia Winterton.

Sophie leva les yeux au ciel : Vanessa Cross avait retrouvé la forme !

17

SOPHIE DANS LA RUE

— Qu'en penses-tu, chérie ? demanda Clive.

Sophie resta pétrifiée au beau milieu de la pièce. L'appartement était en réalité une seule et immense surface hormis une espèce d'alcôve avec un lit à deux places. Dans l'angle opposé se trouvait un coin-cuisine avec une table en pin et quelques tabourets. Le reste du plancher en bois était envahi de tapis fanés, de vieux fauteuils ainsi que de coussins indiens brodés d'éléphants et de déesses aux cinq bras éparpillés çà et là. Des étagères bourrées de livres du sol au plafond occupaient tout un mur. Sur les pans demeurés libres étaient punaisées des affiches ainsi qu'une impressionnante collection de vieux chapeaux.

— C'est incroyable ! souffla Sophie. Comment as-tu déniché cet endroit ?

— Il appartient à un ami qui est en Amérique du Sud. Il ne rentre pas avant Noël. Je resterai ici pour faire le point sur certaines choses.

— Lesquelles ? interrogea Sophie, sourcils froncés.

— Des choses et d'autres. À propos de mes projets futurs... répondit Clive, évasif. Avons-nous des allumettes ?

— Papa, tu n'as pas recommencé à fumer ? La dernière fois qu'on s'est vus, je t'ai expliqué que...

Son père leva les mains comme s'il se rendait à la police et secoua la tête en riant.

— Je jure sur l'honneur que je suis resté non fumeur. Je voudrais simplement allumer de l'encens pour chasser cette odeur de moisi. J'aimerais également accrocher Horace au mur.

— Horace ? répéta Sophie.

— C'est lui, expliqua Clive en tendant à Sophie un énorme masque africain.

Elle examina attentivement le bois sculpté.

— Il est abominable !

— Ça te plaît ? Je veux dire, qu'il soit abominable ?

Sophie s'esclaffa :

— Plutôt, oui.

— Formidable ! Parce que je t'en ai rapporté un.

Il lui offrit une version moins encombrante du même masque.

— Ça aussi, c'est pour toi !

Sophie regarda les bracelets de perles, les colliers et les chaînes de pied de toutes les couleurs dans les mains de son père.

— Sublime ! s'écria-t-elle en admirant la verroterie rouge, violette, verte et bleue des bijoux. Merci, Papa. Ils sont superbes, je les adore !

— Bien. Allons traîner dans les rues, maintenant !

— Pardon ?

— Tu as un dossier à rédiger, non ? De mon côté, je voudrais reprendre contact avec de vieux amis au Refuge. Nous achèterons aussi quelques tasses et des bols tout en grignotant un sandwich au marché aux puces...

— Vraiment ? J'ai le droit ? fit Sophie, émerveillée.

— Le droit de quoi ? s'enquit son père en souriant.

— De faire tout ce que tu viens de dire !

— Je te jure que oui.

— Alors, allons-y ! C'est parti !

Ce fut le dimanche le plus époustouflant de sa vie. Sophie réalisa à quel point ses week-ends étaient jusqu'à présent ennuyeux. Elle traînait dans l'appartement ou aidait sa mère depuis que celle-ci ouvrait le Grenier de rêve une partie du dimanche. Même faire du shopping avec Amy lui parut soudain terne.

Ils se rendirent tout d'abord au marché aux puces. Bien sûr, Sophie y était déjà allée avec des copains mais avec son père, ce fut totalement différent. Lorsqu'il s'arrêtait à un stand, il posait mille questions. D'où provenait l'objet, qui l'avait fabriqué, quand et comment.

— Quelle importance, Papa ? avait coupé Sophie. Ce n'est qu'une planche à pain.

— Mais si ! C'est primordial ! Je n'achèterais certainement pas une planche à pain venant d'un pays au régime non démocratique. Tiens, regarde ça, par exemple, dit-il en brandissant un T-shirt très coloré apparemment d'origine indienne, il se pourrait fort bien qu'il ait été cousu par un tout petit enfant suant sang et eau dans le sous-sol malsain d'une fabrique au Bangladesh.

Sophie eut du mal à avaler sa salive. Clive désigna alors un stand bourré à craquer de bric et de broc :

— Quant à toutes ces marchandises, sache qu'elles proviennent directement du tiers-monde. En achetant ici, nous aidons de pauvres gens qui n'ont rien.

Il lui montra six tasses à café, un couvre-lit en coton et une corbeille à papier en bois sculpté atroces.

— J'en ai besoin pour l'appartement.

Sophie fit la moue.

— Ce n'est pas très beau, commenta-t-elle en trouvant que les gens du tiers-monde n'étaient pas très difficiles. Maman a des corbeilles à papier en forme de teckels et...

— ... qui coûtent une fortune, je n'en doute pas une seconde ! intervint Clive. Celle-ci fera l'affaire. Ensuite, nous irons prendre un café et tu me diras exactement en quoi consiste ton dossier.

Sophie n'en crut pas ses oreilles ! Clive s'intéressait vraiment à son travail. Elle n'avait aucune idée sur la façon de l'aborder. Son père, oui ! Des millions d'idées jaillissaient de son esprit. De plus, il se fichait complètement que Sophie repousse celle-là ou celle-ci, qu'elle ne comprenne pas telle autre. Il continuait à l'aider sans protester ni s'énerver. Alors que sa mère perdait patience dans les deux secondes.

— Il y a encore une autre possibilité ! Tu

pourrais comparer une semaine de ta vie à la semaine d'une fille sans domicile fixe.

— Formidable ! fit Sophie, enthousiaste. Sauf que je ne connais personne qui vive dans la rue.

Clive finit son café puis se leva.

— Pas de problème, affirma-t-il. Nous déjeunons avec quelques amis SDF.

— Nous quoi ? bredouilla Sophie. Je croyais qu'on allait manger chez Fellini ? L'ambiance est super et les pizzas énormes.

— Si c'est vraiment une ambiance super que tu cherches, accompagne-moi ! proposa son père en souriant.

— Clive ! Le vagabond est de retour ! Je suis content de te voir ! s'exclama un grand type aux épaules de déménageur.

Il portait un bouc et ses longs cheveux gris lui arrivaient à la taille. Il secoua chaleureusement la main de Clive.

— Bienvenue au Refuge !

Le père de Sophie lui tapota l'épaule.

— Dickon, mon vieux ! Tu as fait des merveilles ici, le félicita-t-il.

Sophie regarda la grande pièce aménagée dans la crypte de l'église du Saint-Sauveur. Des individus pauvrement vêtus mangeaient de la soupe autour de quelques tables. Plus loin, des jeunes gens – dont certains avaient son âge – buvaient du café en se serrant autour d'un gros radiateur.

— Ça n'a pas été facile ! répondit le dénommé Dickon. Mais nous recueillons beaucoup plus de jeunes que lorsque tu étais là ! Les choses ont changé depuis ton époque. D'ailleurs, toi non plus, tu n'étais pas très en forme !

— En effet, ma vie à cette époque n'était pas évidente ! affirma Clive. Voici Sophie, ma fille. Sophie, je te présente Dickon Flanders, qui s'occupe du Refuge.

— Ravi ! s'exclama Dickon en broyant quasiment la main de la jeune fille.

— Bonjour, dit-elle timidement.

— Elle prépare un dossier sur la nouvelle pauvreté, déclara Clive. À mon avis, notre centre est le meilleur endroit pour se renseigner. Elle peut discuter avec les jeunes qui viennent ici régulièrement pendant que toi et moi mettons au point mon planning ?

— Bonne idée, approuva Dickon. Mais déjeunons d'abord. Tourte au mouton et purée de petits pois, ça te va, Sophie ?

« Je crois que je vais me trouver mal », songea-t-elle en pensant aux délicieuses pizzas de chez Fellini.

Elle s'aperçut qu'on lui jetait des regards appuyés tandis qu'elle suivait Clive et Dickon vers une table. Elle se sentit honteuse dans ses chaussures citron vert et sa veste aux rayures de zèbre au milieu d'adolescents vêtus de jeans déchirés, de sweat-shirts tachés et chaussés de tennis trouées.

Pendant que Dickon remplissait une carafe d'eau, Sophie se tourna vers son père :

— Pourquoi il a parlé de « ton époque » ? Qu'est-ce que ça signifie exactement ?

— Il faisait allusion à l'époque où ta mère m'a jeté dehors...

— Maman t'a jeté dehors ? s'étrangla Sophie.

— Après que Vanessa et moi nous sommes séparés, se reprit Clive, j'ai travaillé au Refuge tous les week-ends. Il fallait que je m'occupe l'esprit. Tu me manquais tellement, chérie. Dickon en sait quelque chose !

— Pas moi, murmura Sophie, furieuse après sa mère.

Tout était donc sa faute ! Comme son père avait dû être malheureux !

— Sophie, dit-il doucement. Il y a beaucoup de choses à mon sujet que tu ignores.

Si la vieille dame à l'orange n'était pas venue, Sophie n'aurait jamais osé parler à personne.

Son père et Dickon avaient disparu dans un petit bureau. Sophie, restée seule, était toujours aussi mal à l'aise. Elle essayait de rassembler son courage : elle devait discuter avec les autres.

— Espèce d'idiot de fruit !

Sophie sursauta : une dame aux cheveux gris, coiffée d'un chapeau d'homme en tweed et revêtue d'un imperméable violet, regardait une orange d'un air furieux.

— Comment pourrais-je la peler avec des doigts pareils ? dit-elle en montrant ses mains déformées par l'arthrite.

Sophie sourit nerveusement.

— Voulez-vous que je l'épluche ? offrit-elle.

— Ce serait très gentil. Oooh... Voyez-moi ces ongles ! s'exclama-t-elle. C'est d'un chic ! Vous allez les abîmer, mon chou !

Sophie observa ses ongles vernis de couleurs différentes.

— Aucune importance. Je remettrai du vernis ce soir.

— Je suis Gladys, se présenta la dame. Je viens souvent déjeuner ici. En revanche, je ne vous ai encore jamais vue.

— J'accompagne mon père, répondit Sophie en lui tendant l'orange épluchée. Est-ce que je peux vous poser quelques questions... enfin, si ça ne vous dérange pas, ajouta-t-elle précipitamment.

— Bien sûr que non, ma cocotte ! La police le fait sans cesse. Et les flics ne sont pas aussi beaux que toi.

Elle éclata de rire, révélant une rangée de dents noirâtres et abîmées.

— La police ? répéta Sophie, nerveuse.

— Ils pensent que j'en sais beaucoup sur les mauvais coups qui se trament dans la rue. Ils veulent profiter de mon sens de l'observation, lui confia-t-elle.

— Puis-je en profiter aussi ? demanda Sophie. J'ai un dossier à rendre sur la nouvelle pauvreté pour l'école.

— Allez-y, mon chou ! J'en connais un rayon, là-dessus ! s'esclaffa Gladys.

Sophie passa une heure en compagnie de personnes qu'elle aurait fuies sans hésiter deux jours plus tôt. Elle les trouva gentilles et plutôt bavardes, excepté une fille qui lui jeta « sale gosse de riche » à la figure avant de lui suggérer de ficher le camp en des termes encore plus crus.

« J'aurais dû apporter mon carnet ! » regrettait Sophie quand son père et Dickon réapparurent. Elle s'approcha vivement de son père :

— Papa ! Gladys vit dans une seule pièce et elle fouille dans les poubelles des restaurants pour manger. Sa fille l'a mise à la porte parce qu'elle boit. Et j'ai rencontré un homme qui a perdu son travail, sa femme l'a quitté et il n'a plus rien. Il est à la rue. Et Norman – c'est lui, là-bas, qui joue de l'harmonica –, ses demi-frères l'ont tellement battu qu'il s'est enfui de chez lui. Il habite un squat dont les murs sont rongés par l'humidité. Tu arrives à le croire, Papa ? Je trouve ça affreux !

Clive hocha lentement la tête.

— Ça l'est ! Mais Norman est l'un des plus chanceux, tu sais.

— Quoi ? s'exclama Sophie. Arrête ! Sa situation est catastrophique ! Ça ne peut pas être pire !

— Oh que si ! Crois-moi ! intervint Dickon en soupirant.

Sophie prit une profonde inspiration :

— Est-ce que je pourrais revenir, Papa ? J'aimerais interviewer d'autres personnes et prendre des photos pour mon dossier. Mlle Frobisher sera vraiment impressionnée.

— Bien sûr, acquiesça-t-il. Tu es toujours la bienvenue.

Dickon posa sa main sur le bras de Clive.

— Doucement ! On n'est pas au spectacle !

Sophie, il faut que tu le comprennes. Évidemment nous t'aiderons tous mais tu dois respecter ceux qui viennent ici. Tu ne peux pas foncer sur les gens, leur poser des questions personnelles et les mitrailler avec un appareil photo ! Les pauvres ont déjà si peu d'intimité. Prends garde à ne pas leur retirer la seule chose qui leur reste : leur dignité.

Sophie hocha la tête gravement.

— Je vous le jure. Je ferai très attention.

— Bien, dit Dickon en souriant.

Il remarqua alors que Clive consultait discrètement sa montre.

— Mais c'est votre première journée ensemble ! Vous avez sans doute plein de choses à vous dire ! déclara-t-il. On te revoit un de ces jours, alors ?

— Bientôt. Très bientôt, promit-elle.

— Je dois être rentrée pour six heures, indiqua-t-elle à Clive alors qu'ils sortaient dans la rue.

Clive jeta un coup d'œil à sa montre.

— On a juste le temps d'acheter quelques vêtements.

— Non, je... Papa... je...

— Je n'ai rien adapté au climat d'ici. Il me

faut des habits plus chauds. J'ai besoin de toi pour m'aider à choisir.

— Allons sur Oxford Street, alors.

— C'est trop loin. Restons dans ce quartier.

Sophie se frotta les yeux pour y croire. Clive l'avait écoutée sans protester. Quand elle lui avait dit que les couleurs brunes et chaudes lui allaient mieux que les teintes rouges et bleues qu'il préférait, il avait hoché la tête et pris ce qu'elle lui avait conseillé. Lorsqu'elle avait expliqué qu'il était hors de question que son propre père se balade en sandales genre Jésus-Christ avec des chaussettes violettes, il avait obéi et acheté les deux paires de chaussures qu'elle lui avait montrées. Elle s'opposa fermement à l'achat d'un anorak vert et, à la fin de l'après-midi, elle fut enfin rassurée. Elle pourrait marcher sans inquiétude à côté de lui durant les deux prochains mois.

— Ouf ! Dieu merci, la corvée est finie ! soupira-t-il en ramassant les sacs remplis de vêtements. Je n'ai plus qu'à acheter deux bouteilles de vin et je te dépose à ton arrêt de bus.

Pendant qu'il choisissait ses bouteilles chez le marchand de vin, Sophie examina la vitrine du magasin voisin où elle repéra une robe prune absolument fascinante. C'est alors qu'elle la vit. La jeune fille était assise sur les marches de la boutique, les genoux remontés en appui sous le menton, les épaules crispées sous les rafales de vent. Elle toussa puis regarda Sophie à travers ses longs cils. Sophie l'observa aussi. Elles devaient avoir le même âge. Elle portait un jean troué et une chemise trop petite par-dessus un sweat-shirt noir déformé. Son visage était pâle, ses traits tirés, mais ses grands yeux gris étaient magnifiques. Quelque chose en elle lui était familier.

— Tu peux me donner de quoi prendre un café ? demanda-t-elle.

La voix douce et posée contrastait avec son apparence déguenillée.

— Oui, répondit Sophie en ouvrant son porte-monnaie.

Elle lui remit une livre.

Le visage de la jeune fille s'éclaira.

— Tu es sûre ? Vraiment ?

Sophie acquiesça tout en continuant à la scruter. Où diable l'avait-elle déjà vue ?

— Merci. Merci beaucoup. Je vais même pouvoir m'offrir un sandwich.

Sophie pensa au bon dîner qui l'attendait et à son lit douillet avec sa couette en plumes de canard, ainsi qu'à ses vêtements de marque. Elle se dit aussi qu'une livre n'était qu'un détail pour elle alors que pour la jeune fille cela signifiait pouvoir manger ou pas.

— Tu ne devrais pas rester ici, conseilla Sophie. Il fait froid.

La fille lui rit au nez.

— Tu t'imagines que j'ai le choix ? Mais toi, tu ne peux pas comprendre ! T'as vu tes fringues ?

Sophie se mordit les lèvres. La prochaine fois, elle s'habillerait autrement.

— Je suis désolée, s'excusa-t-elle. Je voulais simplement te suggérer d'aller au Refuge. Ils sont ouverts jusqu'à vingt-deux heures et ils te serviront un repas chaud. Tu pourras prendre une douche.

— Une douche ? Sans rien payer ? répéta la fille, les yeux écarquillés.

— Attends, je vais demander à mon père. Il est dans le magasin.

La fille bondit aussitôt.

— Non ! C'est bon. Laisse tomber. Ça n'a aucune importance. Je verrai bien par moi-même.

Elle ramassa son sac à dos miteux et tourna les talons. Elle remonta la rue à vive allure. Sophie courut après elle.

— Attends !

La jeune inconnue hésita puis s'arrêta. Sophie se lança :

— Écoute, je viendrai souvent au Refuge ces prochains jours. Comment puis-je t'aider ? Quel est ton nom, au fait ?

— Lisa. Tu veux faire quoi ?

— Je ne sais pas. Voudrais-tu des vêtements, de la nourriture, des livres ?

Les splendides yeux gris s'illuminèrent :

— Tu ferais ça ? Oh, un livre, ce serait génial !

— Je viens juste de finir *Le Monde de Sophie* qui est super mais, malheureusement, certains passages sont un peu difficiles...

— J'aimerais beaucoup le lire, l'interrompit Lisa d'une voix froide. Ce n'est pas parce que je vis dans la rue que je suis idiote, tu sais.

Sophie rougit violemment.

— Pardon. Je ne voulais pas te blesser. Comment en es-tu arrivée là ? Tu n'as pas l'air... euh...

— Je ne suis pas le genre de fille à vivre dans la rue, c'est ça ? C'est exactement ce qu'a dit le journaliste télé.

Sophie comprit alors où elle avait vu Lisa. À la télé ! Elle avait participé au reportage sur la nouvelle pauvreté.

— Tu étais dans l'émission, n'est-ce pas ? Ils ont expliqué que ta mère t'avait mise à la porte.

Lisa approuva en silence. Elle semblait au bord des larmes.

— Son nouveau petit ami m'a frappée. Je l'ai répété à Maman mais elle ne m'a pas crue. Ils m'ont fichue dehors.

— Mais c'est affreux ! murmura Sophie, choquée.

Lisa haussa les épaules.

— Je t'apporterai des livres et tout ce que je trouverai. Et prends ça, dit Sophie en lui donnant un autre billet.

La jeune fille parut ravie.

— Merci, merci beaucoup... Tu es chouette, déclara-t-elle avant de s'éloigner.

« Pour la première fois de ma vie, quelqu'un a besoin de moi, pensa Sophie, très émue. C'est tout simplement merveilleux. »

18

SAUMON, BROCOLIS ET ABAT-JOUR

— Il t'a emmenée OÙ ? s'étrangla Vanessa après que Sophie lui eut raconté sa journée. Attends un peu que je lui parle ! Pourquoi Clive se comporte-t-il toujours de façon insensée ?

— Insensée ? répéta Sophie. C'était très intéressant ! Tu n'imaginerais même pas les gens que j'ai rencontrés !

— Oh que si ! Je l'imagine très bien ! Les clochards du nord de Londres, avec leurs puces et leurs microbes et...

— Maman ! Ce n'est pas leur faute ! Personne ne leur a demandé s'ils étaient d'accord pour vivre dans la rue ! Ils n'ont pas eu le choix !

— Tu as raison, concéda Vanessa. Mais je pensais vraiment que ton père avait d'autres idées de loisirs pour sa fille. Sous la douche. Illico.

Elle prit Sophie par le bras pour l'emmener vers la salle de bains.

— Je n'en ai pas besoin, la contredit l'intéressée en se dégageant.

— Si. Dieu sait ce que tu as rapporté comme bactéries. Qu'est-ce que tu as autour du cou ?

— Des perles africaines. Papa m'a offert des bijoux du Mozambique.

Elle extirpa le masque de son sac à dos et l'agita sous le nez de Vanessa.

— Très ethnique, commenta sa mère. Sous la douche. Immédiatement.

— Tu te rends compte, cria Sophie à travers la porte fermée de la salle de bains, que ceux que j'ai rencontrés aujourd'hui vendraient leurs dents pour prendre une douche ? Et nous nous lavons tous les jours sans y penser.

— Oui, chérie, répondit Vanessa. Le dîner est prêt.

— Tu te rends compte, dit soudain Sophie en versant de la sauce à l'estragon sur de fines lamelles de saumon, que ceux que j'ai vus aujourd'hui se contentent d'une tasse de thé et d'un sandwich ? Et nous, nous mangeons de délicieux plats qui ne sont sans doute pas indispensables.

— Oui, chérie, soupira Vanessa. Quelques brocolis ?

— Volontiers, accepta Sophie.

— Tu te rends compte, intervint Sophie alors que sa mère collait des prix sur des abat-jour peints au pochoir, que la moitié des articles que tu vends sont probablement fabriqués par de pauvres enfants suant sang et eau dans des sous-sols...

— Sophie, dit sa mère entre ses dents, ces abat-jour ont été créés par Madeline Bennett dans son luxueux cottage au toit de chaume à Lower Slaughter. Est-ce que tu comprends ce qui est en train de t'arriver ?

— Quoi ? marmonna Sophie distraitement.

— Tu t'exprimes exactement comme ton père. Je suis extrêmement inquiète.

— Tant mieux ! Super ! Génial ! hurla Sophie. Je suis heureuse ! Parce que Papa, lui, se préoccupe du monde dans lequel nous vivons. Tandis que toi, tu ne t'inquiètes que pour l'argent. Papa va m'aider pour mon dossier, il a promis qu'on y consacrerait autant de temps que je veux.

— Tu insinues que ce n'est pas comme de

travailler avec moi, c'est ça ? rétorqua Vanessa. Tu sais, la maman trop occupée à payer le loyer pour t'aider à rédiger une rédaction ?

— Exactement ! Et quand je verrai Papa demain...

Vanessa s'immobilisa.

— Tu ne le vois pas demain. Je te rappelle que tu as cours.

— Si ! Nous nous sommes mis d'accord.

— Eh bien, vous allez changer votre planning. Vous vous verrez les week-ends uniquement. Tu as des devoirs en semaine.

— Mon travail sur la pauvreté concerne l'école ! gémit Sophie. Bon, de toute façon, j'en ai assez ! Je vais me coucher !

— Enfin ! Excellente idée ! Merci, mon Dieu ! approuva Vanessa, soulagée.

19

SI SEULEMENT C'ÉTAIT AVEC MA MÈRE COMME AVEC MES CHEVEUX !

Le lundi matin, Sophie et sa mère se disputèrent.

— Directement à la maison après l'école, ordonna Vanessa, à moitié cachée derrière un immense kangourou en bois sculpté.

— Papa m'attend, je ne vais pas le laisser tomber, protesta Sophie en s'approchant de la porte de la boutique.

— Et moi, je crois qu'il est temps que j'aie une petite discussion avec Clive, l'informa sa mère d'un ton aimable.

— C'est ça ! Mêle-toi encore de ma vie privée ! Tu ne supportes pas que je sois heureuse, n'est-ce pas ?

— C'est précisément pour ton bonheur que je désire parler à ton père.

— Tu ne m'empêcheras pas de le voir !

Vanessa sourit.

— Je n'en ai aucune intention. Je souhaite simplement mettre un certain nombre de choses au point avec Clive.

— Tu vas tout gâcher ! Bonne journée ! Je m'en vais ! s'énerva Sophie en fonçant tête baissée.

Elle heurta violemment une cliente. C'était Agatha Burnbright en personne. Elle portait un énorme chapeau flanqué d'un géranium rose ainsi qu'une stupéfiante robe en nylon violette.

— Eh bien, Sophie Cross ! s'exclama-t-elle. Quelle énergie ! Vous vivez à cent à l'heure, ma parole ! Comment ça se passe avec vos cheveux ?

— Ça va très bien, merci ! rétorqua Sophie. Bonne journée, madame Burnbright !

« Si seulement c'était avec ma mère comme avec mes cheveux », songea-t-elle en se hâtant vers la station de métro.

Mme Cross sortit une poubelle remplie d'emballages dans la rue et s'excusa auprès de Mme Burnbright.

— Je suis désolée. Ma fille ne regarde jamais devant elle.

— Ne vous en faites pas, la rassura Mme Burnbright. Elle est adorable.

— Cela lui arrive parfois, corrigea Vanessa.

Agatha éclata de rire.

— Que se passe-t-il ? Pourquoi est-elle furieuse ?

— Je lui ai donné mon avis.

— Erreur ! répliqua Mme Burnbright en secouant la tête avec un grand sérieux. Très grave erreur ! Savez-vous qu'il est complètement ringard d'avoir une opinion passé trente ans ?

Vanessa sourit à son tour. Agatha s'engouffra dans la boutique.

— Excusez-moi, expliqua la décoratrice, un peu gênée, ce n'est pas encore ouvert. Je suis seule aujourd'hui et...

— Ne vous inquiétez pas, tout va bien ! Car la situation peut changer ! ajouta Agatha mystérieusement. Je venais seulement déposer cette enveloppe dans votre boîte aux lettres.

Elle la lui remit en main propre.

— Dites-moi ce que vous en pensez ! conclut-elle avant de s'éclipser avec un grand sourire.

Sans savoir pourquoi, Vanessa se sentit beaucoup mieux.

Quand Sophie arriva à la bouche de métro, elle vit tout de suite Tony. Il faisait les cent pas, scrutant d'un air inquiet les passants les uns après les autres. Lorsqu'il l'aperçut, son visage s'éclaira.

— Salut. Je suis content de te voir. Je me suis dit qu'on pourrait faire le trajet ensemble.

— Tu n'as pas trouvé de taxi ce matin ? plaisanta-t-elle, heureuse de rencontrer enfin quelqu'un qui serait fasciné par son exceptionnel week-end.

Tony secoua la tête alors qu'ils dévalaient l'escalator menant au quai.

— Papa ne travaille pas le lundi. Est-ce qu'après les cours tu pourrais venir... chez moi... voir... voir mes dessins ? Si tu en as envie, bien sûr, ajouta-t-il précipitamment.

— Impossible. J'ai rendez-vous avec mon père. Mais demain, je suis libre.

— Super ! s'écria Tony, radieux. OK pour demain. Alors, comment va ton père ?

Sophie prit une profonde inspiration et se lança dans le résumé détaillé de son dimanche. Elle en était à sa rencontre avec Lisa, enchantée de constater que Tony était suspendu à ses lèvres, quand une main se posa sur son épaule.

— Salut, Sophie ! lança Amy.

— Qu'est-ce que tu fais ici ? s'étonna Sophie.

Amy vivait à Primrose Hill et elle ne prenait jamais le métro car son père la déposait tous les matins au lycée.

— J'ai dormi chez ma grand-mère, expliqua la jeune fille. Au fait, j'ai de bonnes nouvelles pour toi ! Tu sais que...

Le métro arriva et Amy s'interrompit. Ils montèrent tous les trois dans le même wagon. Sophie et Amy trouvèrent deux strapontins et Tony se tint debout près d'elles.

— Amy, je te présente Tony...

— Salut, dit cette dernière en lui jetant à peine un regard. Écoute ça, Sophie. Devine qui est venu à la fête d'Annabel ?

— Je ne sais pas.

— Ben Tarrant ! déclara-t-elle d'un ton triomphant. Et il était seul ! Alors je suis allée le voir et on a...

— ... flirté, ajouta son amie en souriant.

— Mais non !

— Mon œil ! se moqua Sophie.

— Je te dis que non. Je lui ai confié que j'avais une amie qui le trouvait ultra-sexy, il m'a demandé qui et j'ai répondu Sophie Cross et il a...

— Amy ! bredouilla Sophie, rouge jusqu'aux oreilles. Tu n'as pas osé ?

— Bien sûr que si ! Tu sais ce qu'il a dit ?

« Sophie ? C'est cette super-jolie fille qui sortait avec Tim Bellinger, non ? » J'ai confirmé et il a aussitôt exigé que je lui donne ton numéro de téléphone !

Sophie sentit son cœur s'emballer. Oui, mais Ben ne lui plaisait pas tant que ça. Elle avait juste confié à Amy qu'il était numéro un sur sa liste. Elle avait dit cela pour ne plus parler des garçons, l'obsession préférée de son amie. Désormais, Sophie prévoyait exactement ce qui allait se passer. Elle allait sortir avec Ben, ils se tiendraient la main, Ben en exigerait plus mais elle refuserait, conclusion, ils rompraient et, bien sûr, elle allait faire une dépression nerveuse.

— Tu n'es pas contente ? s'étonna Amy. Je croyais qu'il était pole position sur ta liste ! Je me trompe ?

— Non, marmonna vaguement Sophie.

Tony ouvrit son cartable et sortit un magazine qui l'absorba entièrement.

Pendant le reste du trajet, Amy décrivit la fête et expliqua que Matthew Vincent et elle s'étaient embrassés des heures durant. Elle était sûre et certaine d'être enfin amoureuse. Si Sophie et Ben se voyaient, ils pourraient organiser des sorties tous les quatre. Sophie essaya en vain de l'interrompre. Elle voulut parler du Refuge et de Lisa mais rien ne stoppa le flot de paroles d'Amy.

Alors qu'elles allaient descendre à leur station, Sophie se tourna vers Tony qui lisait toujours.

— À demain. À quelle heure se voit-on ?

Tony haussa les épaules.

— Je ne suis plus sûr de pouvoir.

— Alors jeudi ?

— Peut-être, dit-il du bout des lèvres.

Sophie descendit et rejoignit Amy. Elle sentit soudain comme un trou dans son ventre.

— Il y a quelque chose entre toi et ce Tony ? l'interrogea Amy. Je trouve qu'il est un peu insignifiant. D'où vient-il ?

— Il est très chouette ! rétorqua Sophie. Et comment ça, « d'où vient-il ? ».

— Je ne sais pas. Il a l'air indien ou africain. Quelque chose dans ce genre.

— Sa mère est antillaise et son père anglais. Tu ne devrais pas porter des jugements sur des gens que tu ne connais pas.

— Excuse-moi de respirer ! rétorqua Amy. À mon humble avis, tu es amoureuse de lui !

— Ne sois pas stupide. Tony n'est pas... Tony est... Tony est Tony, conclut-elle.

À la fin des cours, Sophie retrouva son père au Refuge. Ils assemblèrent des boîtes cartonnées, firent du thé, préparèrent des sandwiches pour les SDF.

« Toujours pas de Lisa », constata Sophie au bout de trois heures.

Elle avait apporté des livres et des magazines pour elle. Elle se sentit très déprimée. Comment aider les défavorisés s'ils ne se montraient pas ?

Son père l'emmena ensuite à son appartement. Ils mangèrent des plats chinois à même les barquettes.

« Si Maman me voyait, elle aurait une attaque ! » songea Sophie en souriant.

Vanessa dressait toujours la table en prenant soin d'allumer des bougies avant de dîner. Les serviettes et la nappe étaient coordonnées, même lorsqu'elles ne mangeaient que des toasts et des sandwiches.

— J'adore être chez toi ! déclara Sophie.

Clive fit la grimace :

— Moi, pas tellement ! J'y suis souvent seul !

Sophie leva les yeux, surprise.

— Qu'est-ce que tu veux dire, Papa ?

Il but une gorgée de bière à même sa canette et soupira.

— J'ai besoin d'avoir des gens autour de moi. Toi, tu vas à l'école puis tu retrouves Maman à la maison. Moi, quand je rentre, il n'y a personne pour m'accueillir. Au Mozambique, au moins, je n'étais jamais seul.

Sophie se sentit très malheureuse. Elle n'avait

jamais pensé que son père puisse souffrir de la solitude.

— Tu veux que je reste dormir quelques soirs par semaine ? proposa-t-elle gentiment. Je peux m'installer sur le sofa. Il suffit que j'apporte mon sac de couchage.

Le visage de Clive s'éclaira.

— Sophie, ce serait merveilleux ! Mais il est hors de question que tu dormes sur le sofa. Tu prends mon lit et moi le canapé. Je suis habitué à dormir n'importe où. Je serais tellement content de t'avoir à la maison, chez moi !

« C'est formidable lorsqu'on compte pour quelqu'un ! » se dit Sophie, enchantée.

— Je dors chez Papa demain soir, annonça Sophie à Vanessa.

— Certainement pas, jeune fille ! répliqua sa mère d'un ton définitif.

Sophie tomba des nues.

— Mais pourquoi ? C'est ma vie. Je dors où je veux.

Elle regretta de s'être exprimée aussi sèchement. Mais elle était de si mauvaise humeur ! Elle avait aperçu Tony sur le quai du métro mais, lorsqu'elle l'avait appelé, il s'était contenté de la saluer de la main tout en continuant à parler avec un camarade de classe.

— Sophie ! s'exclama Vanessa. Ne me parle pas sur ce ton ! J'imagine très bien que Clive est d'accord pour que tu ailles là-bas en semaine, mais il se trouve qu'il vit complètement en dehors de la réalité...

— C'est faux ! hurla Sophie. Il est plus dans la réalité que toi qui vis dans ton petit monde prétentieux et snob. Lui, au moins, il a les pieds sur terre.

— Je rêve ! Clive, les pieds sur terre ! murmura Vanessa. De toute façon, tu ne dors pas chez lui en semaine, point final. Et moi, je lui téléphone dès que j'ai une minute !

— Je te déteste ! grommela Sophie entre ses dents.

— Elle ne m'y autorisera jamais ! expliqua Sophie à son père le vendredi soir tandis qu'ils descendaient dans la crypte de l'église du Saint-Sauveur.

Elle avait été en retard au rendez-vous parce qu'elle avait un peu traîné à la sortie des cours, espérant vainement apercevoir Tony.

— Je sais, soupira son père. Elle m'a téléphoné. Vanessa est toujours aussi butée.

Sophie fut hérissée par ce mot.

— Pas du tout. Maman s'inquiète pour l'école. Elle se fait beaucoup de souci, tu comprends ?

— Ne t'en fais pas, je louerai des vidéos, murmura Clive en haussant les épaules.

Il eut l'air si découragé que Sophie se sentit coupable. Elle se demanda si elle n'allait pas désobéir à sa mère. En même temps, elle s'étonna d'avoir ainsi défendu Vanessa.

Elle ralentit le pas et laissa son père aller saluer Dickon. Quelqu'un effleura alors son épaule.

— Salut !

Sophie se retourna.

— Lisa ! Je suis tellement contente de te voir !

La jeune fille portait les mêmes vêtements et était plus pâle que jamais.

Sophie fouilla dans son sac à dos et sortit les magazines et les livres.

— Je t'ai apporté ce que tu voulais.

— Merci, dit Lisa en feuilletant une revue.

Elle frissonna soudain et mit ses bras autour de sa taille.

— Il fait froid ici, non ?

Sophie, qui venait d'ôter son pull car elle avait trop chaud, s'inquiéta :

— Tu n'as pas de gilet ?

Lisa secoua la tête.

— Je t'en apporte un vendredi, promit Sophie.

Un faible sourire éclaira son visage.

— Il faut que je file, maintenant.

— Attends ! Est-ce que je peux te prendre en photo ?

Elle sortit son Pentax que Lisa observa avec une pointe d'envie.

— Je prépare un dossier pour le lycée et...

À ces mots, les yeux de Lisa lancèrent des éclairs.

— Si tu crois que me donner des livres et des magazines t'autorise à écrire sur « cette pauvre fille réduite à vivre dans la rue » pour que toi et tes copains, les autres gosses de riches, vous puissiez...

— C'est faux ! Je fais ce reportage pour vous aider, montrer ce que vous traversez.

— En échange de quoi ? jeta soudain Lisa.

— Que veux-tu ?

Lisa se mordilla les lèvres.

— Du parfum. Vas-y, fiche-toi de moi !

— Certainement pas. Tu en auras vendredi.

Le visage de Lisa s'illumina.

— Où est-ce que je pose ?

— Je lui donnerai tout ça vendredi, conclut-elle pendant que son père la reconduisait à l'arrêt du bus.

— Écoute, chérie. Ce n'est pas une bonne idée de trop t'investir. Ces filles qui vivent dans la rue – eh bien, elles ne sont pas comme toi. Si tu te montres trop faible, Lisa n'hésitera pas. Elle profitera de toi.

Sophie le contempla avec des yeux ronds.

— Mais toi aussi, tu t'investis. En Afrique, avec les routes, les écoles...

— Oui, approuva Clive, mais nuance ! Je travaille pour les projets eux-mêmes, pas pour les individus. Il est très dangereux de créer des liens amicaux avec ces gens-là. Oh, tiens, voilà ton bus.

Sophie y grimpa et se retourna pour lui faire signe de la main. Durant tout le trajet, elle repensa à ce qu'il lui avait dit. Si cette réflexion était venue de sa mère, elle ne se serait guère étonnée. Mais elle considérait son père comme le saint-Sauveur des SDF. Et ses paroles avaient été un véritable choc.

20

AMOUREUSE, OUI OU NON ?

Sophie traversa la boutique en coup de vent et monta directement à l'étage.

— Maman ! Je suis rentrée !

Elle avait décidé d'être ultra-serviable et gentille ce soir parce que Vanessa s'était énervée au petit déjeuner lorsque Sophie avait insisté pour rendre visite à son père.

Elle entra en trombe dans le salon et s'arrêta net.

Agatha Burnbright était assise sur le canapé, buvant tranquillement son thé dans une des tasses design de sa mère.

— Bonsoir, ma chérie, commença Vanessa, qui avait l'air plus épuisée que jamais, voici... euh... excusez-moi... j'ai oublié votre nom... Madame...

Sophie vola à son secours.

— Burnbright. Comment allez-vous ? Vos cheveux ?

— Ils se portent à merveille.

— Ah oui, vous vous êtes déjà croisées toutes les deux, murmura Vanessa.

— Mme Burnbright est la grand-mère de Tony, expliqua Sophie.

Vanessa haussa un sourcil.

— Vraiment ?

— Mais oui ! Drôle de coïncidence, d'ailleurs ! Tony ne cesse de parler de votre fille du matin au soir ! Et Sophie ceci, et Sophie cela ! Il est pratiquement convaincu que la terre tourne autour d'elle. Et voilà que cette jeune personne était assise à côté de moi au salon de coiffure la semaine dernière !

Elle marqua une pause.

— Je comprends pourquoi Tony a cette impression. Le sourire de Sophie ferait fondre n'importe qui. Continuez sur votre lancée, jeune fille !

Vanessa eut l'air estomaquée pendant quelques secondes.

« C'est bien la première fois que je la vois à court de repartie ! » remarqua Sophie.

— Alors Tony m'aime bien ? reprit-elle à brûle-pourpoint.

— Bien sûr ! s'écria Agatha. Il n'est pas très

bavard mais il a un cœur grand comme ça ! « Mamie, m'a-t-il confié, Sophie est une fille très spéciale. »

Sophie se sentit totalement comblée. La roue tournait enfin ! La grand-mère de Tony et Vanessa prenant le thé ensemble ! Si elles devenaient amies, Tony et elle se verraient souvent. Elle faillit sauter de joie.

Quant à Vanessa, elle semblait toujours sous le choc de ces dernières révélations.

— Madame Burnbright, nous faisons comme prévu, d'accord ? On se voit demain matin ?

— Tout à fait, madame Cross, acquiesça Agatha. Et laissez-moi vous remercier, oui, vraiment, merci mille fois.

Mme Burnbright se leva et se tourna vers Sophie.

— Je suis engagée dans la merveilleuse boutique de ta mère. Ainsi, elle pourra reprendre un peu de poids et de couleur aux joues.

Sophie examina sa mère en douce. Vanessa était en effet très pâle.

— C'est une super-bonne idée, Agatha. Merci.

— Oui, approuva Vanessa en souriant. Vous allez me décharger de beaucoup de travail.

— Pensez donc ! Être entourée de belles choses et rencontrer des clients exceptionnels est un rêve pour moi, exulta-t-elle comme si on lui avait proposé d'emménager à Buckingham Palace. Je suis si heureuse !

Et elle resta encore cinq minutes pour leur décrire l'intensité de sa joie.

— Alors, dit Vanessa d'une voix qu'elle aurait voulue calme mais qui semblait dangereusement fébrile. Qu'y a-t-il exactement entre toi et ce Tony ?

Sophie, qui composait un paragraphe poignant sur sa rencontre avec Lisa, leva le nez de sa feuille. Elle s'apprêtait à suggérer à Vanessa de ne pas se faire des idées. Ce garçon était un copain avec lequel elle faisait les trajets en métro et, qu'elle se rassure, il n'y avait rien entre eux. Sauf que Sophie ne dit pas un mot.

Elle souhaitait de toutes ses forces que quelque chose arrive entre eux. Ce qui, bien sûr, était totalement idiot. Oui, mais quand même...

— Oh, j'ai oublié de te dire. Livi a téléphoné, se rappela Vanessa alors qu'elles mangeaient des tagliatelles et de la salade. Elle demande que tu la rappelles.

Sophie hocha la tête.

— Ça doit être au sujet de son séjour à la

maison pendant les vacances. Combien de temps peut-elle rester ?

— Autant que tu veux, chérie, répondit Vanessa. Mais sache que j'ai du travail par-dessus la tête. Je cherche ces maudits abat-jour pour Claudia Winterton. Ne compte pas sur moi pour vous trimballer dans tout Londres.

— J'ai cessé de compter sur toi depuis longtemps, répliqua Sophie en gloussant.

— Et je t'emmènerai au Refuge, tu sais, je t'ai raconté la dernière fois ! Nous irons ensuite chez mon père et peut-être pourrons-nous aussi voir Lisa...

Sophie, allongée sur son lit, parlait à Livi tout en mangeant une pomme.

— D'accord, mais on ira aussi au marché aux puces, au Café rouge, et se promener dans les magasins de Kensington, n'est-ce pas ? supplia Livi. Et Chez Max également parce que figure-toi que j'ai une nouvelle robe.

— Entendu, affirma Sophie. Est-ce que je t'ai parlé de ma dernière rencontre avec Lisa ? Je lui ai donné du maquillage et...

— Oui, l'interrompit Livi. Tu m'as déjà expliqué. Et tes amours ?

— Je ne sais pas très bien, fit Sophie, plutôt mal à l'aise.

— C'est-à-dire ?

— Tony ne m'attire pas. Ce n'est pas mon genre du tout. Mais il est drôle et nous sommes devenus amis. Sauf que, maintenant, il se montre distant. D'un seul coup. Oh, Livi ! A-t-on déjà évoqué le cas de Norman, ce SDF au Refuge qui...

— Oui ! En long, en large et en travers !

— Ah bon.

21

JE SUIS UNE FILLE COMME LES AUTRES

Le jeudi soir, lorsqu'elle rentra du lycée, Sophie vérifia d'abord que sa mère était bien à l'étage en train de se reposer. Elle rejoignit ensuite Agatha qui se trouvait seule dans la boutique. Elle la vit dans un coin en train de plier des tissus de soie.

— Madame Burnbright, vous avez affirmé que Tony m'aimait bien, n'est-ce pas ?

— Oui, ma chérie, c'est sûr et certain.

— Alors... euh... alors... est-ce qu'il a une petite amie en ce moment ?

Agatha s'immobilisa.

— Tony ? Oh non, il n'a pas de copine. Il passe son temps à dessiner, enfin, c'était le cas jusqu'au week-end dernier. Depuis, il déprime parce que tu sors avec un garçon.

— Moi ? Mais pas du tout !

Mme Burnbright éclata de rire.

— Ah bon ? Tu m'étonnes beaucoup. J'aurais pensé qu'un tas de garçons tournaient autour de toi !

Sophie soupira à fendre l'âme.

— Je ne suis pas douée à ce petit jeu. Tout ce qui concerne, enfin, vous voyez, les baisers, etc., je suis nulle. Et les garçons...

Elle s'arrêta net. Voilà qu'elle se confiait à une femme qu'elle connaissait à peine. Agatha demeura imperturbable.

— Ils ne pensent qu'à vous sauter dessus. Je suis bien d'accord avec toi. Néanmoins, tu ferais mieux de dire à Tony que sortir avec un garçon ne t'intéresse pas du tout.

— Oui ! Enfin, non ! Je ne peux pas lui expliquer, moi. Pourriez-vous le faire, s'il vous plaît ?

— Ah non, ma chérie ! C'est à toi de l'informer. Les grand-mères doivent se tenir en dehors de ces affaires-là. Maintenant, aide-moi à accrocher ce tissu, s'il te plaît.

— Tony ! Attends ! cria Sophie en bousculant tout le monde sur l'escalator le vendredi matin.

Elle descendit quatre à quatre en heurtant quelques voyageurs avec son sac à dos.

Il l'attendit au pied des marches.

— Écoute-moi, supplia Sophie qui avait passé la moitié de la nuit à répéter son petit discours, je ne sais pas où tu as été chercher une idée pareille mais je te jure que je ne sors avec personne.

Tony fronça les sourcils.

— Mais ce fameux Ben ?

Sophie remarqua l'état lamentable de ses lunettes, la branche maladroitement scotchée qui accentuait encore plus son expression pitoyable et malheureuse.

— Tu te trompes ! C'est à cause d'Amy, c'est ça ? Parce qu'elle a parlé de la fête d'Annabel et de Ben ?

— Alors vous n'êtes pas ensemble ?

— Non. Amy délire complètement ! D'ailleurs, même si je sortais avec Ben, il en aurait déjà assez, crois-moi. Ils en ont tous marre et plutôt vite !

— Qu'ils sont bêtes ! Moi, je n'en aurais pas marre !

— Bien sûr que si, insista Sophie en piquant un fard. Je suis très timide, ajouta-t-elle.

Et elle rougit de plus belle. Pourquoi lui avait-elle confié une chose pareille ?

— Oh, et tu crois que je suis sûr de moi ?

s'esclaffa Tony. Je meurs de honte au moins cent fois par jour.

— Ça ne se voit pas du tout, observa Sophie, très surprise.

— Un des avantages d'être métis ! Personne ne remarque que vous rougissez.

Sophie sourit et devint carrément tomate.

— Sophie ? demanda Tony.

— Oui ?

— Voudrais-tu sortir avec moi ?

— Sortir *vraiment* ?

— Oui.

— J'adorerais, affirma-t-elle sans hésiter.

— Génial. Alors tu viens chez moi après les cours pour voir mes dessins ? s'enquit-il, radieux.

Elle voulut répondre qu'elle voyait son père mais elle n'en fit rien. Elle arriverait un peu en retard à leur rendez-vous, voilà tout. De plus, elle allait passer le week-end entier avec lui.

— À bientôt, Tony. Formidable ! Génial ! Hyper top !

— Je sors avec Tony, lança Sophie dès qu'elle rentra chez elle.

— Très bien, marmonna Vanessa. Où allez-vous cette fois ?

— Nulle part. On sort ensemble, *vraiment*.

Vanessa battit des paupières.

— Toi et Tony ? Le Tony de Mme Burnbright ?

Sophie acquiesça.

— Et autant que tu le saches tout de suite, son père n'est pas P-DG de quoi que ce soit et sa mère n'est pas avocate non plus. J'aime beaucoup Tony et je sors avec lui et tu ne m'en empêcheras pas.

Elle reprit son souffle avant d'ajouter :

— Et épargne-moi tes commentaires au sujet de sa mère qui est noire.

Vanessa la contempla, bouche bée.

— Qui est la première à avoir parlé de couleur ? Toi ou moi ? Je ne me fais jamais ce genre de réflexions. Non, chérie, je suis ravie. Ce garçon a l'air adorable et sa grand-mère est charmante. Je suis très contente pour toi.

— Vraiment ?

Vanessa hocha la tête.

— Bien sûr, cela implique que tu passeras moins de temps au Refuge. Tony et toi, vous avez sûrement d'autres projets que de traîner avec les sans-abri.

— Alors c'est ça ? Je me disais bien que ta réaction n'était pas normale ! Je te signale que rien n'est changé, j'irai quand même au Refuge comme convenu avec Papa. Et plus que jamais puisque les vacances approchent !

— Oui, mais Livi arrive ! protesta Vanessa faiblement.

— Livi viendra avec moi, trancha Sophie.

Sa mère secoua lentement la tête.

— Sophie, ma chérie, ne t'emballe pas avec le Refuge. Ne deviens pas obsédée par les SDF.

— L'obsession est un domaine sur lequel tu n'as pas le moindre conseil à me donner.

L'appartement où vivait Tony était rempli de meubles. Des monceaux de tissus multicolores décoraient les pièces. Les murs étaient recouverts de toutes sortes d'images. Le long du couloir, Sophie admira une impressionnante série de dessins à l'encre représentant Londres.

— Ces vues sont magnifiques ! s'écria-t-elle. Tu me montres ton travail ?

— C'est mon travail.

— Quoi ? Tous ces dessins de Londres !

— J'en ai encore d'autres.

Il ouvrit un carton et en sortit une quantité impressionnante de feuilles. Sophie était stupéfaite. Elle entrevit quelques caricatures – dont certaines d'elle –, des aquarelles d'Hampstead... Les talents de Tony semblaient inépuisables.

— Tu es incroyable, souffla-t-elle. Et celui-ci ?

Elle se dirigea vers un chevalet près de la fenêtre et observa le tableau à moitié fini. C'était elle ! Elle eut l'impression de regarder dans un miroir. Il avait saisi tous les détails, la forme de ses yeux, la mèche de cheveux qui ne restait jamais en place, même son sourire fier mais sur la défensive figurait sur la toile.

— C'est mauvais, affirma Tony d'un ton sec, je n'ai pas fini.

Elle se tourna vers lui.

— Sublime, murmura-t-elle. Quand je pense que tu l'as fait de mémoire !

— Tu es tout le temps dans ma tête, murmura-t-il en baissant les yeux.

Sophie sentit ses jambes flageoler. Sa bouche s'assécha. Son cœur se mit à battre à cent à l'heure. Un frisson la traversa de haut en bas.

Elle regarda Tony et Tony la regarda.

Il prit doucement sa main. Elle ne protesta pas.

Elle enleva doucement ses lunettes. Il ne protesta pas.

Et encore plus doucement et très très nerveusement, il effleura sa joue d'un baiser.

À cette seconde précise de sa vie, Sophie comprit qu'elle était une fille comme les autres.

22

MA MÈRE SE FICHE TOTALEMENT DE MOI !

Sophie allait passer le week-end chez son père ! Vanessa avait d'abord traîné des pieds puis elle avait fini par accepter. Elle avertit sa fille qu'elle irait la chercher le dimanche.

— En revanche, aujourd'hui, après le déjeuner, tu rentres directement à la maison. Tu avances tes devoirs.

« Et je verrai Tony aussi », ajouta Sophie pour elle-même.

Quand Sophie et son père arrivèrent au Refuge, Lisa attendait dehors. Elle était assise par terre avec une autre fille aux longs cheveux noirs qui portait tellement d'anneaux sur le nez et aux oreilles que Sophie se dit qu'elle était sûrement dans le Livre des records.

— Voici Kim, la présenta Lisa. Sophie est la fille dont je t'ai parlé, dit-elle à son amie.

Kim continua de mâcher son chewing-gum et marmonna quelques syllabes incompréhensibles.

Sophie tendit un sac à Lisa.

— Tiens. C'est pour toi.

— Génial ! s'exclama Lisa en sortant un rouge à lèvres.

— Qu'est-ce que tu vas en faire ? On a besoin d'argent, pas de maquillage, ironisa Kim.

Lisa déglutit.

— Je voulais être belle, expliqua-t-elle d'une toute petite voix.

Sophie eut les larmes aux yeux. Kim s'éloigna en ricanant.

— Hé ! Attends ! la rappela Lisa.

Sophie l'arrêta lorsque celle-ci voulut la rattraper.

— Laisse-la. Elle n'a pas l'air très gentille.

— Elle veille sur moi, protesta Lisa. Quand on vit dehors, on a besoin d'amis.

— Mais je suis ton amie, intervint Sophie.

— Sans blague ! s'écria la jeune fille. Qu'est-ce que tu sais de la rue ?

Et elle s'élança pour rejoindre Kim.

« Est-ce que s'occuper de défavorisés vaut

vraiment la peine ? » se demanda Sophie, découragée.

Clive et Sophie déjeunèrent d'un croque-monsieur et prirent le café en terrasse où un soleil aussi radieux qu'imprévu les mit de bonne humeur.

— Je me demande si je ne vais pas rester définitivement à Londres, déclara Clive.

— Ce serait super ! On se verrait tout le temps. Tu as trouvé un travail ?

Son père secoua la tête.

— Pas encore. Je me dis quand même que ce serait agréable d'avoir mon propre appartement, d'être un peu mieux installé.

Il soupira en ajoutant :

— Évidemment, vivre seul n'est pas très amusant. Sauf si tu venais habiter avec moi.

Sophie déglutit. Elle n'y avait jamais pensé. Bien sûr, elle adorait son père et son mode de vie chaotique lui plaisait. Cela la changeait des nappes sublimes et des abat-jour peints à la main de Vanessa. Mais elle aimait sa mère aussi malgré tous ses défauts. Quitter le confortable appartement et sa belle chambre lui paraissait un très gros sacrifice.

— Je suis bête, se reprit Clive en remarquant

son expression. Une fille géniale comme toi s'ennuierait avec son vieux père.

— Tu n'es pas vieux ! protesta Sophie. Ce serait une bonne idée mais...

— Tu trouves ? Vraiment ? Mais c'est merveilleux, chérie !

Son père la serra contre lui.

— Allez, viens, je t'offre une glace pour fêter cette bonne nouvelle. Je cherche un appartement dès demain.

Sophie ouvrit la bouche mais, quand elle vit l'immense sourire sur son visage, elle n'eut pas le cœur de démentir. Elle pourrait toujours se partager entre Vanessa et lui. Cependant, elle ne comprit pas pourquoi elle ne sautait pas de joie à cette idée.

— Tu ne crois pas que l'on devrait nettoyer un peu avant que Maman n'arrive ? questionna Sophie le dimanche venu.

Affalé sur le canapé, Clive lisait le *Sunday Telegraph* tout en buvant du café dans un gobelet en plastique. L'appartement était jonché de papiers et des canettes de bière vides traînaient un peu partout. La pièce dégageait des relents de poulet tandoori du dîner de la veille. Pour la première fois, Sophie remarqua la poussière sur les meubles et la vaisselle sale entassée dans l'évier.

— Je suis chez moi, déclara-t-il. Vanessa nous prend comme on est, point final.

Sophie voulut protester quand son père se leva et l'étreignit.

— C'est tellement agréable de t'avoir près de moi. Je me fiche de tout tant que tu es là.

« Il a raison, se réconforta Sophie. Il y a des choses plus importantes dans la vie que de secouer les tapis et d'acheter des pots-pourris. »

— Je n'ai jamais vu un endroit aussi dégoûtant de toute ma vie ! explosa Vanessa alors qu'elle et Sophie rentraient en taxi chez elles. Comment peut-il accepter que tu dormes dans un taudis pareil ?

— Tu exagères, Maman ! L'appartement était un peu en désordre, voilà tout. Tu es une maniaque du ménage, alors, évidemment...

— Et ce déjeuner ? Des boîtes de conserve et des plats à emporter ! Je parie qu'il se nourrit ainsi tous les jours ! Enfin bon. Il repart dans quelques semaines et la vie reprendra son cours normal. Quel père il fait !

— Papa est fabuleux ! Au moins, lui, il a du temps à me consacrer. On ne peut pas en dire autant de toi. Et puis, il vaut mieux que tu sois au courant, Papa ne rentre pas en Afrique. Il reste ici et il va acheter une maison.

Vanessa eut l'air de tomber des nues.

— Acheter une maison ?

— Oui ! Et je vais habiter avec lui ! glapit Sophie.

Vanessa ne bougea pas. Elle ne dit pas un mot pendant plusieurs minutes. Elle se tourna enfin vers sa fille.

— Tu veux déménager ?

Sophie aurait voulu n'avoir jamais prononcé cette phrase. Après tout, rien n'était définitif et elle avait besoin de réfléchir. Mais sa mère avait été si dure avec son ex-mari qu'elle n'avait pu s'en empêcher.

— Oui ! affirma-t-elle, certaine qu'elle allait le lui interdire.

— Je vois, murmura Vanessa alors que la voiture s'arrêtait devant chez elles. Monte vite, chérie, et finis tes devoirs pendant que je range avec Mme Burnbright.

Elle ouvrit la portière et, une fois dans la boutique, son grand sourire habituel était revenu sur son visage.

— Comment ça s'est passé, madame Burnbright ? Avons-nous eu quelques clients ?

Sophie la contempla, les yeux ronds.

« Je lui annonce que je déménage et elle, elle

s'en fiche royalement. Elle ne s'est même pas mise en colère. Je rêve ! »

Pour la première fois depuis des mois, Sophie avait eu envie que Vanessa se fâche et décide pour elle.

23

MÉGA-ÉTRANGE !

À la sortie des cours, Amy se précipita vers Sophie :

— Il a téléphoné ?

— Qui ? fit Sophie, éberluée.

— Ben, idiote !

— Non. Et tant mieux parce que je ne suis plus libre. Je sors avec Tony.

Amy eut l'air estomaquée.

— Tony ? Quoi ? Ce garçon avec lequel tu prends le métro ? Tu laisses tomber Ben pour ce type ?

Sophie hocha la tête.

— Tu diras à Ben que ce n'est plus la peine qu'il se casse la tête.

— Sophie, tu es méga-étrange, balbutia Amy.

Pour une fois, Sophie se ficha éperdument de ce qu'on pensait d'elle.

Le mardi, Tony vint dîner. Vanessa s'agita dans tous les sens. Elle se mit en quatre, arrangea mille fois les fleurs sur la table, prépara des tas de petits-fours. Après le repas, Tony demanda s'il pouvait visiter le Grenier de rêve. Vanessa fut en extase lorsqu'il reconnut sur le mur une œuvre originale de Bernard Venable. Sophie, elle, fut troublée. La veille, elle avait lu un article dans un magazine où la mère d'une adolescente de quinze ans avait séduit le petit copain de sa fille.

— Viens, Tony, dit-elle précipitamment. Allons nous promener.

— J'arrive dans une minute. Madame Cross, d'où vient cette poterie ?

— Oh ! protesta l'intéressée, appelle-moi Vanessa, je t'en prie !

« Je vais me trouver mal », songea Sophie.

Le mercredi, Sophie rendit visite à son père. Elle ne s'amusa pas autant que d'habitude. Elle commençait à en avoir assez des plats à emporter. Pour être vraiment honnête, offrir des sandwiches et discuter avec les vieilles dames au Refuge devenait pénible également. Lisa ne se montrait pas et son père passait son temps à s'occuper d'ennuyeuses paperasses.

Elle aurait tellement préféré jouer au badminton avec Tony !

Le jeudi, Sophie ne se réveilla pas à temps. Sa mère lui apportait généralement une tasse de thé au lit, juste avant que son réveil ne sonne. Lorsque Sophie ouvrit les yeux, il était huit heures.

— Maman ! hurla-t-elle en bondissant hors de son lit. Tu ne m'as pas réveillée !

Elle fonça dans sa chambre où elle trouva Vanessa encore au lit, blanche comme un linge, une serviette posée sur le front.

— Navrée, chérie, murmura-t-elle. J'ai la migraine.

— Pauvre Maman ! Tu veux des comprimés ? Une tasse de thé ? J'appelle le médecin ?

Vanessa secoua la tête et gémit aussitôt sous la douleur.

— Est-ce que tu peux téléphoner à Mme Burnbright et lui demander d'ouvrir le magasin sans moi ? Ça ne t'ennuie pas trop ?

— Bien sûr que non, Maman, protesta Sophie en embrassant sa mère. Tu es certaine que ça va aller ? Et si je restais te soigner ?

— Non ! Tu as cours !

— Tant pis pour toi.

Sophie rentra en espérant que sa mère irait mieux. Mais la grand-mère de Tony était seule derrière le comptoir.

— Elle est épuisée, annonça Agatha. Cela fait des années qu'elle s'occupe de ce magasin seule et voilà qu'une nouvelle tuile lui tombe dessus.

Sophie fronça les sourcils.

— Laquelle ?

— Oh, ce n'est pas bien que je m'en mêle, mais tant pis. C'est à ton sujet. Ça lui arrache le cœur que tu ailles vivre avec ton père.

— Elle vous l'a dit ? s'étonna Sophie.

— Oui.

— À mon avis, ça ne lui fait ni chaud ni froid. En plus, ma décision n'est pas définitive.

— Bien sûr qu'elle a de la peine. Qu'est-ce que tu racontes ?

La jeune fille se hissa sur le comptoir.

— Elle va pouvoir se détendre puisqu'elle ne m'aura plus dans les jambes. De toute façon, elle n'a du temps que pour sa boutique. Oh ! et j'oubliais, les dîners mondains et les causeries avec les clients.

— Dans la vie, nous faisons ce que nous pouvons, tu sais. Ta mère ne s'en tirait pas trop mal et voilà qu'un dilemme se présente. Que faire ? Je sais qu'elle a son caractère mais elle s'occupe bien de toi. Crois-moi, ce n'est pas si facile d'élever un enfant.

Sophie la regarda. Son père ne parlait jamais d'éducation. Il la laissait manger ce qu'elle voulait et ne faisait jamais le ménage. Alors pourquoi hésitait-elle à déménager ?

Sophie entra sans bruit dans la chambre de Vanessa. Elle semblait endormie mais sa joue était zébrée de traces de larmes séchées. Sophie s'approcha sur la pointe des pieds et l'embrassa. Vanessa ouvrit un œil.

— Je t'aime, Maman, déclara-t-elle.

Le vendredi, Sophie décida de présenter Tony à son père. Le père de Sophie, qui était de nature enthousiaste et plutôt bavard, se montra distant et froid envers le jeune homme.

— Alors voici Tony, déclara-t-il lorsqu'il leur ouvrit la porte.

Immédiatement, les relents de curry et le désordre habituel frappèrent Sophie.

— Vous sortez ensemble ? demanda Clive.

Le visage de Sophie s'illumina et elle approuva, radieuse.

— Et vous êtes originaire de... laissez-moi deviner. Du Maroc ? D'Éthiopie ?

Tony sourit et secoua la tête mais Sophie

remarqua que ses poings s'étaient crispés malgré lui.

— Je suis né à Fulham, répondit-il d'une voix polie mais froide.

— Oui, mais... de quelle origine êtes-vous ? bafouilla Clive.

— Ma mère vient des Barbades et mon père de Londres.

— Ah ! Et vous sortez ensemble ? redemanda-t-il.

— Oui, répliqua Tony.

— Oh ! fit Clive.

Après une demi-heure difficile, Tony s'éclipsa aux toilettes.

— Sophie, enchaîna aussitôt son père, ce n'est pas raisonnable.

— Quoi donc ?

— Toi et Tony.

Sophie éclata de rire.

— Ce que tu es vieux jeu, Papa. J'ai presque quinze ans et je sors avec des garçons depuis l'âge de douze.

— Oui, mais pas avec des garçons de couleur.

Sophie fut si choquée qu'elle ne parvint pas à articuler un mot.

— Sophie, je travaille avec ces gens. Je les connais bien. Ils ne sont pas comme nous. Tu me diras, Tony est à moitié blanc. Certes, mais les métis, c'est encore pire. Ils n'ont aucune identité véritable, leurs vies sont complètement confuses. Reprends-toi, chérie. Reprends-toi.

Sophie s'apprêta à lui répondre quand Tony revint des toilettes.

— Je pense, dit-elle, qu'il est temps de partir. Tony et moi allons dîner.

— Je vous accompagne ? glissa Clive.

— Non, répondit Sophie.

Cette nuit-là, Sophie dormit très mal. Les paroles de son père revenaient sans cesse à son esprit. Évidemment, elle ne croyait pas un mot de ce qu'il avait dit. Elle adorait Tony et rien ne changerait cela. Il la faisait rire, il respectait ses idées et elle se sentait plus heureuse avec lui que seule. Elle ne pouvait pas en dire autant de son père.

24

LA VIE EST UN CASSE-TÊTE CHINOIS

Sophie accueillit Livi à bras ouverts. Elles firent toutes les activités que Livi avait notées sur sa liste.

— ... il ne reste plus que le marché aux puces, souffla Livi en se laissant tomber sur le lit de son amie.

— Nous irons demain, proposa Sophie. C'est dans le quartier où habite mon père. Je t'emmènerai au Refuge. Pour l'instant, je vais trier mes affaires. Je donne des habits à Lisa. Tu m'aides à choisir ?

— Sophie ? demanda Livi deux heures plus tard.

— Mmm ? marmonna distraitement Sophie en scrutant une minijupe en daim rouge.

Allait-elle encore la mettre ou pouvait-elle s'en débarrasser ?

— Tu vas vraiment lui offrir tout ça ? reprit Livi.

Sophie hocha la tête.

— Je me demandais... enfin, est-ce que... Sophie... est-ce que tu veux bien que je te rachète quelques-unes de ces affaires ?

— Me les racheter ? Tu plaisantes ? Pas question. Tu prends ce qui te plaît, laisses-en en juste un peu pour Lisa. Elle ne pourra jamais s'offrir ces fringues.

— Moi non plus, avoua Livi en contemplant, rêveuse, une étiquette de grande marque.

— Tiens, dit Sophie en lui donnant le vêtement.

Livi bondit et embrassa son amie :

— Tu es super-adorable.

« Je n'aurais jamais imaginé faire plaisir à mes amis », exulta Sophie, enchantée.

Lisa était assise sous un porche à proximité du Refuge quand Sophie et Livi arrivèrent.

— Hé, salut ! s'exclama Sophie. Je te présente mon amie, Olivia. Tout le monde l'appelle Livi.

— Salut, répondit la jeune fille du bout des lèvres.

Ses grands yeux étaient bouffis et quelques écorchures entouraient sa bouche. Elle paraissait à moitié endormie.

Sophie lui tendit des sacs en plastique remplis de vêtements, persuadée qu'elle retrouverait ainsi le sourire.

— Est-ce que tu as un peu d'argent ? bredouilla Lisa en jetant à peine un coup d'œil aux sacs.

Sophie déglutit.

— Pas beaucoup. De quoi acheter mon ticket de métro et déjeuner.

— Déjeuner, répéta-t-elle faiblement.

Sophie se sentit immédiatement coupable. Impossible d'apprécier des habits de luxe quand on meurt de faim ! Elle lui tendit son billet de cinq livres.

— Merci, dit Lisa en se remettant vivement debout. Salut.

Elle disparut au coin de la rue. Sophie fut déçue. Elle avait espéré que Lisa expliquerait à Livi à quel point sa vie avait changé depuis leur rencontre. Elle avait imaginé que Lisa la complimenterait devant son amie sur ses grandes qualités humaines.

Livi lui toucha l'épaule.

— Merci beaucoup pour ça, dit-elle en tirant sur la manche de la veste dont elle avait hérité.

Sophie fut réconfortée. Au moins, Livi l'appréciait à sa juste valeur.

Sophie se sentit à nouveau mal à l'aise lorsqu'elles arrivèrent chez son père. L'appartement était dans un état épouvantable.

— Enchanté ! s'exclama Clive après que Sophie eut présenté son amie. Vous tombez à pic. J'ai des tas d'annonces à te montrer, chérie. Tu choisiras celle que tu préfères.

— Vous cherchez une maison, monsieur Cross ? demanda poliment Livi en jetant un œil sur les détritus qui jonchaient le parquet et en se disant intérieurement qu'il était en effet urgent de changer d'appartement.

— Peut-être, répondit-il. Tout dépend de Sophie. Je ne déciderai pas seul.

Livi surprit l'expression stupéfaite de son amie.

— Tu déménages avec moi, n'est-ce pas, chérie ?

« Je crois que non, Papa », pensa Sophie sans toutefois le confirmer à haute voix.

— ... Sauf si je retourne en Afrique, poursuivit-il. Ce qui, probablement, ne se fera pas.

— Je croyais que tu avais déjà décidé que tu restais, s'étonna Sophie.

— Mais oui ! Mais oui ! Euh... qu'en dis-tu, toi, chérie ?

— Que ce n'est pas à moi de trancher.

— Bien sûr que si ! s'écria Clive.

« Cette discussion devient vraiment pesante, songea Sophie, très gênée. Je n'aurais jamais dû venir. »

— Nous en reparlerons plus tard, Papa. On va au marché aux puces.

— Je vous accompagne ! affirma Clive en attrapant sa veste. Me promener avec deux ravissantes jeunes filles, quelle chance !

« Je vais vomir », pensa Sophie.

Jusqu'à présent, seule sa mère réussissait à la mettre dans un état pareil.

Clive Cross ne resta pas longtemps au marché aux puces. Sophie l'entendait s'exclamer à chaque stand. Il enfilait des chemises, essayait des bijoux loufoques, puis il crut bon de revêtir des châles péruviens. Il tenta ensuite de paraître à la mode. Il parla de musique tout en écorchant les noms de groupes de rock.

— Pourquoi ne vas-tu pas au Refuge, Papa ? suggéra Sophie après qu'il eut osé entonner quelques mesures d'une chanson d'Oasis. Je te rejoindrai plus tard avec Livi.

— Tu es sûre que tu ne veux pas que je reste avec vous ?

— Certaine, affirma-t-elle, à bout de nerfs.

Il pleuvait à torrents lorsque les filles décidèrent de quitter le marché aux puces. Elles se dépêchèrent vers la rue qui menait au Refuge quand Sophie saisit brusquement Livi par le bras.

— Regarde, là-bas. Que se passe-t-il ?

Sur le trottoir d'en face, Lisa et son amie au nez percé, Kim, se battaient.

— Viens ! Allons-y ! dit Sophie d'une voix pressante.

— Tu crois ? hésita Livi, nerveuse. Ça a l'air sérieux.

— Je connais Lisa. Je saurai m'y prendre.

Elles traversèrent. Sophie s'avança vers les deux jeunes filles qui hurlaient à pleins poumons. Les passants leur jetaient des regards désapprobateurs mais ne s'arrêtaient pas.

— Lisa ! appela Sophie. Que se passe-t-il ?

Celle-ci ne répondit pas et tira violemment les cheveux de Kim.

— Grosse vache ! l'injuria-t-elle.

Kim se dégagea et donna un coup qui atteignit Lisa au menton. La jeune fille tomba à terre. Sophie remarqua alors, éberluée, les sacs éventrés et les vêtements qu'elle lui avait remis, éparpillés sur le sol.

— Elle m'a volé mes affaires ! siffla Lisa. Les habits que tu m'as donnés !

Ses yeux étaient injectés de sang et sa figure, presque grise.

— Espèce de cloche ! rétorqua Kim. Tu as caché la dope dedans, pas vrai ?

Les yeux de Lisa se remplirent de larmes.

— Tu sais bien que non ! Je ne me drogue pas. Je ne suis pas folle !

— C'est ça ! Tu crois que je ne t'ai pas vue ? cria l'autre. Qu'as-tu fait du reste ?

Elle se jeta sur Lisa et lui envoya un coup de poing dans l'estomac.

— NON ! protesta Sophie, horrifiée.

Elle s'agenouilla auprès de Lisa qui venait de s'effondrer.

— Dégage ! hurla Kim en attrapant Sophie par les cheveux.

Livi n'hésita plus. Elle repoussa Kim de toutes ses forces. Mais l'autre était plus grande et plus forte, remplie d'une énergie forcenée due à la drogue. Elle leva la main gauche et griffa la joue de Livi avec ses ongles effilés.

À cet instant, une voiture de police apparut au coin de la rue. Deux agents en descendirent. Kim s'enfuit en courant. Lisa voulut se lever mais elle était trop faible. Elle s'écroula, évanouie, sur le trottoir. Livi tenait sa joue d'une main tremblante.

Sophie fondit en larmes. Être la sainte des sans-abri du quartier de Camden n'était plus drôle du tout.

Les policiers emmenèrent les filles au Refuge pour les interroger. Deux dames leur offrirent du thé et des biscuits. L'une d'elles désinfecta la joue de Livi et lui proposa quelques carrés de chocolat.

— Sophie, écoute-moi, lui dit doucement Dickon Flanders. Ce n'est pas aussi simple que cela en a l'air. Kim est une droguée connue des services de police. Lisa est une fugueuse, elle est très fragile. Tu n'as fait qu'aggraver les choses en lui offrant ces vêtements, qui ont rendu Kim folle de jalousie.

Sophie déglutit et jeta un coup d'œil vers le bureau où son père parlait avec un des policiers.

— Je ne voulais faire de mal à personne, murmura-t-elle.

Dickon sourit.

— Je sais. Il est tentant et gratifiant d'aider les autres, n'est-ce pas ? Mais il ne faut pas que ça te retombe dessus.

Sophie hocha la tête.

— Elle a été très courageuse, intervint alors Livi. Elle a voulu secourir Lisa.

— Livi aussi. Elle m'a aidée comme elle a pu.

— Peut-être devriez-vous vous soutenir l'une l'autre et laisser les spécialistes s'occuper des problèmes de la rue ? suggéra Dickon. Ah ! voilà Clive !

Celui-ci s'avança vivement vers eux et se laissa tomber sur une chaise.

— Tout est réglé. J'ai absolument besoin d'un verre. Quel après-midi ! gémit-il.

Dickon fronça les sourcils.

— Avant toute chose, je te conseille de ramener ces jeunes filles chez elles.

Clive étouffa un bâillement.

— Je leur appelle un taxi.

Vanessa se trouvait dans la boutique avec Mme Burnbright quand les filles entrèrent. Elle remarqua la joue de Livi et sursauta aussitôt.

— Mon Dieu... mais... Livi, ma pauvre puce... Venez avec moi toutes les deux, on monte à l'appartement... Et tout de suite... Madame Burnbright, pouvez-vous brancher la bouilloire ?

Agatha fonça et mit de l'eau à chauffer.

— Je sais ce qu'il nous faut pour ta joue. De

l'huile d'arbre à thé, expliqua Vanessa d'une voix pleine d'entrain. Si seulement je savais où je...

— De l'huile de quoi ? s'inquiéta Livi, très nerveuse.

— C'est un antiseptique, déclara Mme Burnbright en se ruant sur son sac à main.

Elle en extirpa une fiole qu'elle tendit à Vanessa.

— Tenez. Je ne sors jamais sans ma petite bouteille miracle.

— Génial ! s'exclama Vanessa.

« Je ne savais pas que les mères avaient autant de sens pratique », pensa Sophie.

Ce ne fut que lorsque la joue de Livi fut badigeonnée d'huile et que le thé et les toasts furent engloutis que Vanessa demanda des explications.

Sophie raconta l'incident puis attendit l'explosion de colère. Elle attendit que Vanessa dise que tout était sa faute. Elle attendit que Vanessa hurle qu'elle aurait dû l'écouter, elle, et que son père était totalement irresponsable.

Sa mère ne fit rien de tout cela. Elle se leva et les embrassa très fort l'une après l'autre.

— Dieu merci, vous êtes saines et sauves. C'est tout ce qui m'importe.

En fin de journée, Tony passa chez les Cross. Sophie, Livi et lui devaient aller au cinéma.

Lorsqu'il fut au courant de la bagarre, il tritura ses lunettes un peu nerveusement.

— Tu t'es vraiment investie dans l'aide aux sans-abri, dit-il à Sophie. Mais est-ce que tu ne pourrais pas choisir une façon moins dangereuse de les soutenir ?

— J'aimerais bien, soupira-t-elle, mais comment ?

Vanessa referma la revue intitulée *Le Design du millénaire* dans laquelle elle était plongée.

— Je pourrais organiser une soirée exceptionnelle de soldes, avec un buffet – du vin, du fromage – et la recette irait au Refuge.

Sophie ouvrit des yeux ronds.

— Tu ferais ça ? Ici, au Grenier de rêve ? Et la recette irait au Refuge ?

— Sophie chérie, arrête de répéter tout ce que je dis ! fit Vanessa, agacée. C'est irritant, à la fin. Puisque je le propose. Maintenant, filez, vous allez rater la séance.

— Je trouve que ta mère est vraiment astucieuse, commenta Livi.

— Bien plus que ton père, appuya Tony.

Il se mordit les lèvres lorsqu'il s'aperçut de sa gaffe.

— Tu es fâchée, n'est-ce pas ? ajouta-t-il aussitôt.

Sophie secoua la tête.

— Pas du tout, rassure-toi. J'ai compris que ma mère est quelqu'un de bien.

Le lendemain matin, la mère de Livi vint à la boutique récupérer sa fille et livrer deux douzaines de cale-porte en forme de trolls. Vanessa, ravie, la félicita pour son grand talent. Elle prépara du café et servit des petits pains au lait. Elle glissa dans la conversation combien Livi était délicieuse et qu'elle était la bienvenue.

Elle salua ses invitées depuis le pas de la porte en promettant que Sophie leur rendrait visite à Leehampton pendant les vacances de Noël.

Puis Mme Cross referma la porte et fondit en larmes.

— Maman ! Que se passe-t-il ? s'affola Sophie.

Sa mère n'était pas femme à pleurer. Jamais. Elle prétendait qu'un visage souriant, quelles que soient les circonstances, était une preuve de savoir-vivre et d'éducation. Et voilà que maintenant, assise sur le plancher du salon, la tête enfouie dans les coussins du sofa, elle versait un torrent de larmes.

Sophie s'agenouilla à côté d'elle.

— Maman, supplia-t-elle, complètement paniquée. Que t'arrive-t-il ? Tu es malade ?

Vanessa secoua la tête.

— On a des problèmes d'argent ? La boutique ne marche pas ? Ne t'inquiète pas, je ferai des économies, je te le promets.

Vanessa secoua la tête une seconde fois.

— Le magasin marche bien.

— Alors ? Qu'est-ce qui ne va pas ?

— Je ne peux pas le supporter, sanglota-t-elle.

Sophie passa son bras autour des épaules de sa mère.

— Quoi ?

— De te perdre, bafouilla Vanessa. Quand tu es chez ton père et que je suis seule ici, je ne sais pas quoi faire de ma peau.

Sophie la serra dans ses bras.

— Maman, dit-elle gentiment.

— Je sais, je sais, articula-t-elle entre deux sanglots, c'est ta vie, et tu es grande et je me mêle de...

— Je n'habiterai pas avec Papa.

— C'est vrai ? chuchota Mme Cross.

Sophie hocha la tête.

— Pourquoi ? Je croyais...

— Je reste ici parce que je t'aime, Maman. J'adore habiter avec toi. Et, à mon avis, Papa n'a pas vraiment envie que je vive avec lui. Il cherche quelqu'un pour tout décider à sa place.

Vanessa essuya ses yeux du revers de la main.

— Je suis si contente. J'étais tellement malheureuse.

— Mais tu ne me l'as jamais montré, remarqua Sophie.

— Je suis habituée à sourire pour les clients et à agir comme si je contrôlais tout. J'ai pensé que si je ne faisais pas de scène, tu me témoignerais encore un peu d'affection.

— Je t'aime, de toute façon. Crises de nerfs comprises ! la rassura Sophie.

— Je sais bien que c'est idiot, mais j'ai besoin de toi.

Sophie la serra une nouvelle fois dans ses bras.

— Moi aussi, j'ai besoin de toi.

— Je te promets qu'on passera plus de temps ensemble. Maintenant qu'Agatha est là, j'ai moins de travail. Je serai plus détendue. Et je ne m'énerverai plus contre toi.

— Oh si ! Il le faut ! s'esclaffa Sophie.

— Quoi ?!

— Les adolescents ont besoin de repères solides dans leur vie. Genre une mère qui crie, par exemple.

Elles éclatèrent de rire toutes les deux.

25

MOINS FORTE MAIS PLUS HEUREUSE QUE JE NE LE CROYAIS...

— Cette bagarre dans la rue a dû être une drôle d'expérience pour toi, dit Tony, alors que Sophie et lui se promenaient main dans la main. J'aurais bien aimé être là pour te secourir.

Sophie lui adressa un regard reconnaissant.

— Tu vas relater cet épisode dans ton dossier sur la nouvelle pauvreté ? demanda-t-il.

Sophie acquiesça.

— Ça en fait partie.

— Et ton père ? Tu pars vivre avec lui ou pas ?

— Non. Je ne l'intéresse pas en tant que personne. Il a juste besoin de compagnie – peu importe qui, pourvu qu'il ne soit pas seul. Je ne peux pas accepter une chose pareille. J'ai déjà assez de mes propres problèmes.

Tony éclata de rire au ton tragique de Sophie.

— Je suis content pour ta mère. Elle aurait été ravagée de chagrin si tu étais partie.

— Je n'en doute pas une seconde. Mais toi, comment le sais-tu ?

— Parce qu'elle t'adore. Je le vois à chaque regard qu'elle pose sur toi.

— Vraiment ?

Tony hocha la tête.

— Même quand elle est en colère après moi, ça se voit ?

— Surtout dans ces moments-là !

— J'ai cru pouvoir m'en sortir toute seule dans plein de domaines... Je suppose que je suis moins forte que je ne le croyais, soupira Sophie.

— Je suis dans le même état que toi.

Sophie fronça les sourcils.

— C'est-à-dire ?

Tony s'arrêta et prit délicatement son visage entre ses mains.

— Par exemple, j'aimerais beaucoup t'embrasser. Mais je ne sais pas très bien comment m'y prendre.

— Moi non plus. Mais on peut s'entraîner...

Les lèvres de Tony effleurèrent les siennes. Puis Sophie découvrit qu'ils en savaient tous les deux beaucoup plus sur le baiser que ce qu'elle s'imaginait. Et c'était vraiment délicieux.

— Tu vas chez Papa, ce soir ? s'enquit Vanessa le vendredi.

— Je lui ai demandé de passer ici, si ça ne t'ennuie pas. J'ai des choses à lui dire et j'aimerais que tu sois avec moi.

Vanessa sourit.

— Alors je serai là, chérie.

— ... donc, je ne vais pas habiter avec toi, Papa. Je t'aime mais j'ai ma propre vie à mener et toi, tu n'as pas vraiment besoin de moi, conclut Sophie.

Elle s'attendait qu'il proteste mais, au lieu de cela, Clive parut plutôt soulagé.

Il porta à sa bouche une cuillère du délicieux velouté de carottes à la coriandre préparé par son ex-femme.

— Au fait, leur annonça-t-il, je repars en Afrique. Là-bas, ils ont vraiment besoin de personnes compétentes, et ce, très rapidement. Pour ne rien vous cacher, j'ai été horrifié par mon séjour à Londres. Je ne peux vivre et travailler que dans un environnement amical. L'agressivité de cette ville n'est pas pour moi.

Vanessa se mordit les lèvres pour ne pas rire.

— Néanmoins, ma chérie, il reste un problème épineux dont je voudrais parler. Je suis sûr que ta mère sera d'accord, poursuivit Clive.

— De quoi s'agit-il ? s'enquit Sophie, qui était presque sûre d'avoir deviné.

— Je te conseille de ne pas t'engager avec ce Tony. Vanessa, tu as bien compris qu'il était métis, n'est-ce pas ?

— Oui, approuva Mme Cross calmement.

— Et je présume que tu te sens aussi concernée que moi par cette affaire ?

Vanessa inclina la tête et lui adressa son sourire le plus charmeur.

— La seule chose qui me concerne est le bonheur de ma fille. Quel que soit celui qui la rend heureuse, il me convient parfaitement. Encore un peu de velouté, mon cher Clive ?

— Tu apprécies vraiment Tony ? demanda Sophie à sa mère après que Clive fut parti. Ce n'était pas juste pour rabattre le caquet à Papa ?

— Est-ce que ça ferait une différence, chérie ?

— Aucune. Tony me plaît. Peut-être pas pour toujours, mais pour l'instant, oui.

— C'est le plus important à mes yeux, affirma Vanessa.

— Je peux téléphoner à Livi pour tout lui raconter ?

— Bien sûr.

Une heure et vingt-deux minutes plus tard, Vanessa ouvrit la porte de la chambre de sa fille à la volée.

— SOPHIE ! hurla-t-elle. Est-ce que ce n'est pas trop te demander de raccrocher ? Le téléphone n'est pas gratuit et je ne suis pas encore un distributeur automatique de billets ! Et, de plus, il me semble que tu as un dossier à finir pour le lycée.

Sophie dit rapidement au revoir à Livi et reposa le combiné. Puis elle se précipita vers sa mère pour l'étreindre.

— Génial, Maman ! Tu recommences à crier ! Ma vie est redevenue normale !

Dans la même collection,
découvre vite :

Sophie (T1)
Victoria (T2)
Olivia (T3)
Melissa (T4)
Charlotte (T5)
Rosie Rushton

Arrête, Maman, je vais craquer ! (T1)
Tout va très mal, merci ! (T2)
Comment as-tu osé, Maman ! (T3)
Qu'est-ce qu'il y a encore, Maman ? (T4)
Rosie Rushton

Pourquoi pas moi ? (T1)
Ni oui, ni non ! (T2)
La vie en rose (T3)
Phyllis Reynolds Naylor

Petits copains et grandes copines (T1)
Garçons cool et filles stressées (T2)
Petits complexes et grand amour (T3)
Cathy Hopkins

Ma chambre, mon lit, ma mère et moi...
Lorris Murail

Cet ouvrage a été composé par
PCA - 44400 REZE

Impression réalisée sur Presse Offset par

BRODARD & TAUPIN

GROUPE CPI

La Flèche (Sarthe), le 18-08-2003
N° d'impression : 19392

Dépôt légal : janvier 2001

Imprimé en France

POCKET jeunesse

12, avenue d'Italie • 75627 PARIS Cedex 13

Tél. : 01.44.16.05.00